D0356381

Antología del grupo poético de 1927

Letras Hispánicas

Antología del grupo poético de 1927

Edición de Vicente Gaos
Actualizada por Carlos Sahagún

DUODECIMA EDICION

CATEDRA
LETRAS HISPANICAS

Ilustración de cubierta: Mauro Cáceres

Don Ramón de la Cruz, 67. 28001 Madrid
Depósito legal: M. 3922-1986
ISBN: 84-376-0053-7
Printed in Spain
Impreso en Anzos, S. A. - Fuenlabrada (Madrid)

Índice

RAFAEL ALBERTI

JUAN JOSÉ DOMENCHINA

DÁMASO ALONSO

MANUEL ALTOLAGUIRRE

Introducción

La generación de 1927

El conjunto de poetas que se escalonan de Salinas —nacido en 1891— a Altolaguirre —nacido en 1905— ha recibido varios nombres. El más desafortunado de ellos es el de «Generación de la Dictadura», con la que estos poetas no tuvieron nada que ver o de la que discreparon ideológicamente. «Generación de la *Revista de Occidente*» —otra denominación— estaría más justificada, tanto porque en dicha revista se dieron a conocer algunos de estos poetas como por la influencia que el director de la misma, Ortega y Gasset, ejerció sobre ellos. «Nietos del 98» es un tercer nombre, aceptable hasta cierto punto, aunque todos se sintieron poco ligados a Unamuno y Antonio Machado, máximos líricos de tal generación, cuyos afanes sociales les fueron ajenos. Preferimos, pues, a las expresiones citadas la de «Grupo de 1927». Esta fecha —tricentenario de la muerte de Góngora— es, como casi todas, convencional, pero no caprichosa, según veremos.

Cernuda llama a este grupo «Generación de 1925», por representar ese año un término medio en la aparición de los primeros libros de su autores: del *Libro de poemas* de García Lorca (1921) a *Cántico* de Jorge Guillén (1928). Quedan excluidos Domenchina, que, aunque seis años más joven que Salinas, se anticipa con

Del poema eterno (1917), y Gerardo Diego: *Romancero de la novia* (1920).

Pero, fecha aparte, ¿forman estos poetas una «generación»? Me parece que no, si usamos esta palabra con el mínimo rigor historiográfico que posee. No sólo los catorce años que separan el nacimiento de Salinas del de Altolaguirre son muchos, sino que no hay entre ellos un poeta que pueda ser considerado jefe espiritual de todos. Su mentor es Juan Ramón Jiménez, nacido en 1881 y que pertenece a la que d'Ors llamó «Generación novecentista».

Fuera de la poesía, los inspiradores de este grupo son otro novecentista, el citado Ortega y Gasset (nacido en 1883) y Ramón Gómez de la Serna (nacido en 1888). Obsérvese que, por la edad, Salinas está mucho más cerca de este autor, y aun de Ortega y Juan Ramón Jiménez, que de Altolaguirre. Téngase en cuenta, además, que en la época en que escriben dichos poetas la evolución literaria es muy rápida, por lo que pueden bastar unos años para que se produzca un cambio de clima. Es lo que, de hecho, ocurrió, y no es así extraño que Cernuda estime que «Salinas, lo mismo que Guillén, es más bien poeta de transición». En realidad podría decirse que todos los poetas de este grupo son de «transición» con respecto a sí mismos: tanto ha cambiado el modo de entender y hacer poesía en el curso de las últimas cuatro décadas. En efecto, comparando el primero y el postrer libro de cualquiera de ellos, podría dudarse que fueran obra de un mismo autor. No digamos si la comparación se hiciese con Gerardo Diego o Alberti, que son los que más se han dejado ganar, a lo largo del tiempo, por las distintas solicitaciones artísticas de cada momento.

Hay ciertos poetas a los que usualmente se considera, sin claro motivo, «transicionales». Algunos son un poco anteriores por el nacimiento a Salinas: León Felipe (1884), Moreno Villa (1887), Basterra (1888). Pero otros son posteriores: Espina (1894), Bacarisse (1895). Sus primeros libros datan, respectivamente, de 1920, 1913, 1923, 1918 y 1917. Así pues, salvo Moreno Villa, no empiezan a publicar antes que Domenchina. Y si tomásemos como punto de referencia no libros iniciales, sino libros maduros, el carácter «transicional» atribuido a estos autores sería muy discutible. Sin duda, tal atribución está motivada en parte por el hecho de que ninguno de los cinco poetas citados es de primer orden: o murieron pronto, como Bacarisse (1895-1931) y Basterra (1888-1930); o abandonaron la poesía, como Espina: su último libro de versos es *Signario* (1923); o no llegaron a desarrollar plena personalidad poética. Con todo, de decidir en términos de calidad y de adscripción a las maneras estéticas de una época, no se ve bien por qué habría que prescindir de León Felipe y Moreno Villa, incluyendo en cambio dentro de este grupo a poetas menores como Prados y Altolaguirre. La nómina del grupo la formó Gerardo Diego en su *Antología* de 1932, y para tan temprana fecha la selección, además de justa, ha resultado profética[1].

Los poetas de esta generación —y sus antecesores, de Unamuno a Juan Ramón Jiménez— constituyen un plantel de tal fuste que la crítica —¿exagerada, prematuramente?— ha hablado de un «nuevo siglo de oro» de la poesía española. No es, desde luego, frecuente la aparición coetánea de tantas figuras importantes, todas con voz propia. Porque la afinidad generacional y, dentro de ella, la curiosa bipolaridad muchas veces señalada (Salinas-Guillén, Lorca-Alberti, Aleixandre-Cernuda, Prados-Altolaguirre) es secundaria. Lo destacable es la personalidad de cada uno de estos poetas[2].

---

[1] Si me atengo a la costumbre de no incluir en la generación de 1927 a León Felipe, Moreno Villa o Espina, es porque una *Antología* como la presente no es el lugar indicado para implantar nuevos usos. Baste con las salvedades hechas. La exclusión de otros poetas, que podrían echarse de menos, se debe al rigor obligado por el espacio disponible.

[2] Sin embargo, en esta Introducción atiendo preferentemente a las características de grupo. Del valor propio de cada uno de sus poetas hago al final un breve resumen. Estudiarlos uno por uno en detalle exigiría un espacio del que aquí no dispongo. Por otra parte, estos poetas han sido ya objeto de importantes y numerosos estudios individuales.

La literatura de vanguardia y su época

El grupo de 1927 aparece como consecuencia de una doble situación histórico-literaria, la española y la europea, hacia 1920. En esa fecha, el Modernismo, que nunca tuvo en España la importancia que suele dársele, está definitivamente superado. Sólo siguen cultivándolo algunos poetas —los «posmodernistas»— que no están a la altura de los tiempos. En su mismo momento de sazón, el Modernismo no había atraído profundamente a ningún gran poeta, excepto Manuel Machado: ni a su hermano Antonio, ni a Unamuno, ni a Juan Ramón Jiménez. Este último, sobre todo, se siente pronto impulsado por un afán innovador que lo convierte en el inmediato maestro de la generación que estudiamos.

Junto a este magisterio está el de Ramón Gómez de la Serna. Si el famoso autor de *Platero y yo* bebió en fuentes extranjeras, que a través de él influyeron en sus seguidores, el inventor de las «greguerías» fue uno de los primeros autores que en Europa, no sólo en España, practicaron el arte de vanguardia.

De otro lado, lo mismo Juan Ramón que Gómez de la Serna deben mucho a la tradición literaria española, con lo cual la nueva poesía que trae consigo la generación de 1927, aunque en conexión y con dependencia respecto a Europa, toma rumbos propios. España se comporta en esta coyuntura como en tantas otras de su historia: sin extremar la posición novedosa, conjugando tradición y revolución, desarrollándose a su modo, aunque el impulso inicial venga, en parte, de fuera.

En Europa, en Francia sobre todo, soplan aires nuevos. La expresión arte de «vanguardia» expresa bien la actitud combativa de sus corifeos. El movimiento se escinde en numerosos «ismos»: tras el futurismo italiano vienen cubismo, dadaísmo, surrealismo, en Francia; adanismo o acmeísmo, en Rusia; imaginismo, en Inglaterra (y en los Estados Unidos); ultraísmo y creacionismo, en España (y en Hispanoamérica).

El común denominador que subyace en el fondo de todas estas tendencias no excluye buena dosis de contradicción y de confusión. La literatura se entrega a un continuo ejercicio de experimentos creadores que coexisten en pugna o se suceden rápidamente[3]. Hoy, pasado ese frenesí, cuando la vanguardia de antaño es ya retaguardia, resulta evidente que si tales ismos produjeron muchos manifiestos y teorías, crearon pocas obras perdurables. Pero resulta no menos evidente que la esforzada experimentación vanguardista fue fértil y alumbró enseñanzas que aún siguen en vigor.

Históricamente, la literatura de vanguardia es la que corresponde a la posguerra que siguió a 1918, aunque algún movimiento, como el futurismo o el cubismo, sea inmediatamente anterior. Durante unos diez años, el viejo continente disfruta, como suele ocurrir tras los grandes conflictos bélicos, una visible prosperidad y reina el optimismo. Se siente el deseo de olvidar los horrores pasados y se practica una literatura de «evasión». Estamos en el momento de lo que Ortega llamó *la deshumanización del arte*. El clima es semejante en España, que había permanecido neutral en la contienda europea.

Esta situación dura, aproximadamente, hasta 1930: la depresión económica de Occidente coincide con una honda crisis espiritual en la que naufragan el optimismo y los ideales que habían nutrido a la década anterior. La crisis afecta también a España, país cuya secular descomposición política no favorecía precisamente alegres evasiones. No es que haya división tajante; pero, a partir de la citada fecha, la poesía, manteniendo algunas adquisiciones de los «años veinte», perderá extremosidad y, a la vez, tomará otra trayectoria.

---

[3] El testimonio de García Lorca es significativo: «Podría hablar de ellas [de las Poéticas] si no cambiara de opinión cada cinco minutos.»

Ortega, siguiendo a Guyau, partió, para caracterizar el nuevo arte, del punto de vista social: la actitud que ante este arte adoptaron sus destinatarios. Y esta actitud fue la irritación. El lector o el espectador medio no gustaba del arte vanguardista, no lo entendía. Según Ortega, lo que sucedía esta vez no era lo que suele acontecer con todo arte nuevo: que no se populariza hasta que pierde su novedad, que el público tarda en asimilarlo. Esta vez se trataba de un fenómeno más hondo: «Si todo lo nuevo es impopular, hay, en cambio, cosas que lo siguen siendo aun llegadas a la vejez. Hay músicas, hay versos, cuadros, ideas científicas, actitudes morales condenados a conservar ante las muchedumbres una irremediable virginidad.»

Esta excepcional situación se explicaría por lo siguiente: ningún movimiento pretendió llevar tan lejos como el vanguardista su ruptura con lo anterior. Porque la vanguardia no representaba sólo una reacción contra lo que inmediatamente le precedió, sino que se proponía hacer tabla rasa de todo el pasado, al menos de todo el pasado histórico, para situarse, más acá o más allá de las viejas culturas, en los orígenes de lo humano y en los albores de un futuro incomprometido. Y no sólo rompía con la historia; también con la realidad inmediata, con la circunstancia.

Hasta entonces todo arte, aun el menos realista, el arte romántico mismo, se apoyaban en lo real de algún modo. Los vanguardistas repudiaban por igual realismo y romanticismo. Todo ello, por supuesto, en teoría. Doctrinalmente nunca arte alguno fue tan radical.

En la práctica no se logró cumplir el programa. Ya Ortega señaló la imposibilidad de prescindir por completo de referencias a lo real. Sin embargo, en términos relativos, el arte de vanguardia estaba apartado de la realidad como jamás lo estuvo en el pasado. Y el público, habituado a la fórmula «realista», echaba de menos el supuesto en el que, más o menos claramente, se basó siempre el arte: su correlación con la realidad, con lo humano. Esta deshumanización o huida de lo real fue el motivo de que los géneros literarios que más necesitan sustentarse en la experiencia de la vida y en el consenso social —la novela, el drama— fueran poco, o desafortunadamente, cultivados, perdiendo su predicamento en favor de la poesía, que permite otras libertades.

La deshumanización del arte era un libro de filosofía de la cultura, no un manifiesto. Su propósito no era propiamente el de propugnar una estética, sino el de filiar los rasgos constitutivos de un arte ya existente. Pero es cierto que el autor no ocultaba su simpatía por el arte estudiado. Y esto, y la autoridad intelectual de que gozaba Ortega, determinó que los entonces jóvenes poetas tomaran su libro por un programa y se propusieran llevarlo a cabo con toda la fidelidad posible. Ortega ejerció así tanto influjo en estos poetas como el propio Juan Ramón Jiménez.

Características del arte nuevo

¿Cuáles eran las características del arte nuevo señaladas por Ortega? Vamos a resumirlas, ilustrándolas con citas sacadas de los teóricos y cultivadores de dicho arte.

Afán de originalidad.—Ciertamente, este afán no era nada nuevo, data del Romanticismo. Lo nuevo era —lo hemos visto— lo radical del empeño. El poeta vanguardista es tan iconoclasta, que echa por tierra todo precedente histórico, en busca de un más allá inexplorado («futurismo», «ultraísmo») o de un más acá anterior a toda cultura: la humanidad primitiva («adanismo»), el mundo del niño («dadaísmo»). La innovación alcanza a todo: lenguaje, métrica, temas… Se da entrada a muchas palabras inusitadas en el idioma poético; se prescinde del metro y la rima y se hace verso libre; se abandonan los eternos temas de la poesía —vida, amor, naturaleza, muerte, Dios...— o se abordan despojados de su grave trascendencia, con alardes de ingenio y aun en tono humorístico. Marinetti declara su «odio a la luna», proscribiéndola como asunto poético, por romántico y sentimental. Pues la exhibición del sentimiento se considera como muestra de mal gusto. La poesía se pone a cantar el mundo de los adelantos mecánicos, del progreso material y técnico, de las modas contemporáneas: el ascensor, el teléfono, la máquina de escribir, el rascaciedos, el avión, la radio, el deporte, el cinematógrafo.

Así, Gómez de la Serna dice de la «greguería»: «No deben parecerse a nada de lo ya dicho» y «ni debe haber en ella sentimentalismo». Alberti escribe poemas sobre Platko (portero de fútbol) y, en el libro humorístico *Yo era un tonto y lo que he visto me ha hecho dos tontos,* sobre artistas de cine. El cielo es visto por García Lorca como «una vitrina de espuelas», y por Gerardo Diego, como el teclado de una máquina de escribir: «Son sensibles al tacto las estrellas/No sé escribir a máquina sin ellas.» Por su parte, Salinas equipara las teclas de una Underwood con treinta muchachas, o le parecen «como nubes» «como las olas del mar», en un poema que termina en «palabras sin sentido,/*ese, zeda, jota, i...*».

La deliberada falta de sentido, al menos de sentido lógico, se exterioriza en la costumbre de abolir signos de puntuación, distinción entre mayúsculas y minúsculas, etc., dando a los textos una disposición tipográfica cabalística que quiere remedar, como escribió Marinetti, «los signos matemáticos y musicales».

En todas estas originalidades, la poesía de vanguardia no hace, realmente, más que llevar a sus últimas consecuencias lo que estaba postulado por el simbolismo (Baudelaire, Lautréamont, Rimbaud, Mallarmé), y antes de él por poetas como Góngora y los norteamericanos Poe y Walt Whitman.

Hermetismo.—Aunque T. S. Eliot escribió con mucha razón que «ningún verso es libre para quien quiere hacer un buen trabajo», tal tipo de composición fue ya un primer obstáculo a la popularidad del vanguardismo. Más graves lo fueron la «asepsia sentimental» predicada —aunque no siempre practicada— por estos poetas y sus novedades temáticas, o el modo intelectual —ingenioso o burlesco— de tratar los temas tradicionales. Pero la impopularidad no arredraba a los vanguardistas; al revés, la buscaban. Su aspiración era la misma de Góngora —«Deseo hacer algo; no para los muchos»— o de Juan Ramón Jiménez, cuya obra llevaba al frente esta dedicatoria: «A la minoría, siempre.»

Para ser gustado de pocos, el poeta vanguardista se volvía hermético, oscuro, en un gesto de desprecio por la masa de ingenuos lectores, por el buen burgués. Aunque se sintieran tan antirrománticos, y lo fueran en varios aspectos importantes, los vanguardistas copian del Romanticismo este afán desafiador: *épater le bourgeois*. La poesía se convertirá, pues, en coto cerrado para el lector entendido y minoritario. Por lo que se refiere a España, este aristocratismo, en la medida en que lo hubo, pudieron aprenderlo los poetas en el denunciador de *La rebelión de las masas*: «Cuanto vale algo sobre la tierra ha sido hecho por unos pocos hombres selectos, a pesar del gran público, en brava lucha contra la estulticia y el rencor de las muchedumbres.» Para Ortega, el arte romántico había sido «expresión del lugar común sentimental, halago al pacífico comerciante, al empleado del Municipio, al virtuoso profesor y a todas las señoritas de *comptoir*». Semejante desdén por el vulgo se respira en declaraciones como las siguientes: «Iluminación... Que no es lo mismo que claridad, esa claridad que desean tantos honrados lectores de poesía» (Salinas). «Una cosa es la lógica del arroyo y otra la coherencia lírica que jamás entenderá el estúpido» (Moreno Villa). «¡Lejos de ser [la greguería] perogrullada y lugar común!» (Gómez de la Serna).

El poeta renuncia a su antigua y romántica condición de vate, de guía espiritual de pueblos, de miembro social investido de atributos trascendentes y casi sagrados, para convertirse en un profesional, un técnico, un virtuoso cuyo oficio —cuando no su gusto o su capricho— es «hacer» poemas. Generalmente, los poemas están muy bien hechos, como obra que son de expertos conocedores de la literatura. Es, sin embargo, exagerado y falso calificar, como se ha hecho, a algunos de nuestros poetas (Salinas, Guillén, Gerardo Diego, Dámaso Alonso) de «poetas catedráticos», pues los que nunca ejercieron esta profesión no tuvieron por eso menos cultura, sabiduría y consciencia creadora que los otros. Así, el «popular» García Lorca confesaba: «Si soy poeta... lo soy por la gracia de la técnica y del esfuerzo, y de darme cuenta en absoluto de lo que es un poema.»

Autosuficiencia del arte.—Rotos los vínculos con lo real, el arte aspira a convertirse en entidad dotada de vida independiente y autónoma. Se vuelve a alimentar la ilusión que sintió Góngora por forjar un «lenguaje poético» ajeno a la lengua hablada. No se trata exclusiva o primordialmente del consabido «arte por el arte», pues algunos grupos vanguardistas —el surrealismo, por ejemplo— se sitúan «al margen de toda preocupación estética» (André Bretón: *Manifiesto del surrealismo*). Cifre o no la meta del arte en la belleza, la poesía se torna inmanente, se convierte en «poesía pura» o poesía poética.

La expresión «poesía pura» se ha interpretado de diversos modos. En uno de ellos, «pura» equivale a «simple» en sentido químico, esto es, a químicamente pura o depurada de elementos no poéticos. Para ello se practica una selección, una destilación de todo lo impuro, que es tanto como decir de todo lo humano: sentimientos, emociones, anécdota, descripción, etc.

No todos los ismos postulan la práctica de esta norma. Algunos se inclinan, al contrario, por dar entrada en la poesía a la totalidad del universo, sin previa selección. A juicio de León Felipe, «todo lo que hay en el mundo... es valedero para entrar en un poema, para alimentar una fogata; todo, *hasta lo literario,* como arda y se queme». De semejante forma, la greguería «nació aquel día de escepticismo y cansancio en que cogí

—escribe su creador— todos los ingredientes de mi laboratorio, todos, frasco por frasco, y los mezclé...». Pero si no hay selección al principio, la hay al final, aunque se finja que la combustión («como arda y se queme») o la destilación se operan mecánicamente. El pasaje de Gómez de la Serna continúa: «... surgiendo de su precipitación, de su depuración, de su disolución radical, la greguería». Jorge Guillén, máximo representante de la «poesía pura» en España, se decide por una «poesía compuesta, compleja, por el poema con poesía y otras cosas humanas. En suma, una «poesía bastante pura», *ma non troppo*».

En otro sentido, «pureza» significa «autenticidad». Se habla mucho de ser «auténtico», «sincero», «leal», por reacción contra la falsedad romántica. De ahí el proclamado menosprecio por la «literatura», que es lo falso o ficticio por definición. Resulta curioso que en un momento de tanto desvelo por la técnica y cuando, por un lado, se intenta llegar a una síntesis de todas las artes y el escritor se beneficia de procedimientos propios de la pintura o de la música, por otro lado ponga empeño en deslindar «literatura» y «poesía», considere lo literario demasiado impuro para ser poético. Gerardo Diego, tras referirse al «demonio de la literatura», define a la poesía de «aritmética pura» y a la literatura de «aritmética aplicada, aritmética mercantil, contabilidad». García Lorca se lamenta: «No puedo hablar de él [del fuego poético] sin literatura.» Juan Larrea afirma: «Nuestra literatura no es ni literatura.» León Felipe, como hemos visto, concede que «*hasta lo literario*» puede «entrar en un poema». Gómez de la Serna, por último, reconoce, como excusándose, que «las greguerías son cosa más de literato que de poeta», pero se justifica en seguida, añadiendo: «La greguería no es enteramente literaria.»

Antirrealismo y antirromanticismo.—Toda poesía, no sólo la «realista» en sentido estricto, dijo siempre algo, apuntó al mundo de lo real, tuvo un significado. Ahora el poeta quiere evadirse de esta servidumbre, eliminar toda referencia a lo humano, carecer de sentido. Se trata de llegar, en frase de André Gide, a la «insignificancia absoluta». Para lograrlo, el poeta se afana en una doble tarea de deformación y abstracción: se rompen los vínculos lógicos, se va a una estilización geométrica de la realidad, hasta convertir el poema en un sistema de signos expresado en un riguroso formalismo clásico. El anhelo de perfección formal, de medida, es común al «poeta puro» —Guillén—, al «creacionista» —Gerardo Diego— y a un artista tan espontáneo como Lorca: «Un deseo de formas y límites nos gana.» (Hasta la entrada en vigor del surrealismo no remitirá este anhelo.) El poema no dice, es. El norteamericano Mac Leish escribía en su *Ars poetica*: *A poem should not mean / But be*: «Un poema no debe significar, sino ser.» Y el creacionista chileno Vicente Huidobro: «¿Por qué cantáis la rosa, ¡oh!, poetas? / ¡Hacedla florecer en el poema!»

Entre las referencias a lo humano contenidas en cualquier poesía lírica, especialmente si era romántica, la primera era la referencia al propio autor. Lo que decía el poeta solía decirlo referido a sí mismo. El poeta vanguardista combate el subjetivismo romántico, elude la confesión personal, desaparece tras el poema, que es lo que de veras importa: «Brémond habla de la poesía en el poeta, de un *estado poético,* y eso ya es mala señal. No, no. No hay más poesía que la realizada en el poema» (Guillén). «La poesía es el sí y el no: el sí en ella y el no en nosotros» (Gerardo Diego). Esta objetividad, esta literal abnegación ha tenido consecuencias importantes para el ulterior desarrollo de la poesía. Al desplazarse el centro de atención desde el poeta hasta el poema, se dio un primer paso en el camino de la «poesía social», por paradójico que resulte el que este paso lo dieran precisamente unos poetas «deshumanizados».

Sobrerrealismo.—Del naufragio de la historia y la realidad se salvaron —lo hemos visto— muy pocas cosas. Una fue el mundo de la civilización material contemporánea, anticipo de un futuro lleno de aventura y promesa. Marinetti había declarado que «un automóvil de carrera es más hermoso que la Victoria de Samotracia», frase de aire deportivo, juvenil, belicoso, muy en el tono de la época. También el mundo del niño sobrenadó al naufragio general, y por comprensibles motivos. El reino de lo infantil es, además de otra promesa de futuro, el reino de la incoherencia, de la falta de lógica. El niño es inconsciente de sus actos, vive fuera de lo real, su lenguaje es imaginativo, su mente, virgen de cultura, funciona de modo primitivo y elemental, nos transporta a los misteriosos orígenes de la humanidad, a lo radicalmente nuevo, que es la meta perseguida por los vanguardistas: «El mayor encanto de ambas [pintura y poesía] está, para mí, en que permiten expresar mucho de lo selvático que sigue habiendo en nuestra personalidad» (Moreno Villa). Un movimiento —el dadaísmo, de *dadá*: «papá»[4]— pretende remedar la «insignificancia absoluta» del lenguaje infantil, erigiendo en credo artístico la «abolición de la lógica».

Todavía hay otro mundo no regido por la lógica, sino por el absurdo: el mundo de los sueños y el subconsciente, popularizado hacia esas fechas por Freud. Su influencia, sobre todo en el surrealismo —la más importante de las nuevas tendencias, la que produjo obras más valiosas—, es decisiva. Este ismo se proponía, como lo indica su nombre, sustituir lo real por una mágica sobrerrealidad, que hubiera sido más justo llamar «subrealidad»: «Lo que gritan confusamente los seres desde su inconsciencia.»

Dos notas distinguen al surrealismo: la magia y la rebeldía. «El surrealismo —escribe Cernuda— envolvía una protesta total contra la sociedad y contra las bases en que ésta se hallaba sustentada: contra su religión, contra su moral, contra su política.» El optimismo y la seguridad de los primeros «años veinte» empieza a ceder. Crece la protesta contra «esta grotesca civilización que envanece a los hombres» (Cernuda). Según Freud,

---

[4] Gómez de la Serna recuerda que uno de los significados de «greguería» es: «el griterío de los cerditos cuando van detrás de su mamá».

la Humanidad había sufrido a lo largo de la historia «dos grandes ultrajes a su ingenuo amor propio»: el de la física renacentista, que le enseñó que la tierra no era el centro del universo, sino una insignificante partícula de él; y el del darwinismo, que le reveló el origen animal de la naturaleza humana. Ahora, el psicoanálisis le asestaba un tercer golpe, descubriendo al hombre que no es siquiera dueño de sí mismo[5], puesto que en su psique hay fuerzas, inconscientes y subconscientes, que escapan a su dominio. Freud (y no ovidemos a Einstein) da al hombre contemporáneo una lección de relativismo, induce su desconfianza. Los siguientes pasajes de Gómez de la Serna, adalid del surrealismo, expresan muy bien la situación espiritual del momento. La greguería —recordémoslo— nació un día de «escepticismo y cansancio». Leamos ahora:

> «El hombre no quiere convencerse de que vive al margen de la creación. Se ha dado tanta importancia, que quiere conservarse y hacer cosas ¡supremas! Así resulta cogido al final y martirizado por esa idea viciosa de la importancia. Vivimos al margen. Sólo lo que sirve para que la gravitación universal exista, puede considerarse con deberes. Lo demás vive al margen, de cualquier modo vive al margen. El pensamiento sobre todo.»

> «La metáfora es después de todo la expresión de la relatividad. El hombre moderno es más oscilante que el de ningún otro siglo, y por eso más metafórico. Debe poner una cosa bajo la luz de otra. Lo ve todo reunido, yuxtapuesto, asociado. Contrapesa la importancia de lo magnífico o de lo pobre con otra cosa más grande y más desastrosa.»

> «Reaccionar contra lo fragmentario es absurdo, porque la constitución del mundo es fragmentaria, su fondo es atómico, su verdad es disolvencia.»

[5] Este verso de Altolaguirre parece un eco de las palabras de Freud: «Era dueño de sí, dueño de nada.»

Intrascendencia.—Uno de los dogmas del vanguardismo aseguraba que el arte es una actividad inmanente, que debe carecer de toda finalidad extraestética, de toda trascendencia moral, social, filosófica. La poesía es, así, pura «insignificancia», mero juego, ingenioso deporte con palabras y conceptos, voluntaria trivialidad. El poeta no aspira a reformar el mundo, a enseñarle verdades, sino a vivir despreocupada, irreflexivamente, sin deberes, en el presente efímero que le ha deparado el azar. Esta actitud incomprometida, alegre, evasiva, se halla tan arraigada, que pervive al «escepticismo y cansancio» de la crisis de 1930, y sigue alentando junto a la rebeldía surrealista. Gómez de la Serna, pese al pesimismo patente en los pasajes antecopiados, sostendrá aún estos puntos de vista:

> «Las cosas apelmazadas y trascendentes deben desaparecer, comprendida entre ellas la Máxima, dura como una piedra, dura como los antiguos rencores contra la vida.»
>
> «Hay que dar una breve periodicidad a la vida, hay que darla su instantaneidad, su simple autenticidad, y esa fórmula espiritual, que tranquiliza, que atempera, que deja tan frescos, que cumple una necesidad respiratoria y gozosa del espíritu es la Greguería.»
>
> «La greguería es el atrevimiento a capturar lo pasajero.»
>
> «Afirmar lo que de trivial hay en el hombre es inducirle a no ser riguroso, ni desleal, ni malo, ni fanático, ni inconmovible para nada ni ante nada. Aceptar la trivialidad es hacerse transigente, comprensible, contentadizo. Nada más solucionador que la trivialidad hallada, cultivada, comprendida, asimilada, temeraria.»
>
> «Hay que desconfiar de las reflexiones, que son como esas bolas de nieve que fabrican los malos niños metiendo una piedra dentro de la nieve.»

«La nueva literatura es evasión, alegrías puras entre las palabras y los conceptos más diversos: estar aquí y allá al mismo tiempo, desvariar con gracia.»

«Dediquémonos a la diversión pura y diáfana, que defiende la vida y la aúpa.»

En la misma dirección, Salinas escribe: «Hay que dejar que corra la aventura, con toda esa belleza de riesgo, de probabilidad, de jugada.»

Sin embargo, esta postura no podía mantenerse indefinidamente, y no tiene nada de raro que el poeta que empezó situándose, al margen de toda preocupación social, en el mundo «deshumanizado» del arte puro, acabase metido en política. El caso más notorio, en España, es el de Rafael Alberti.

Predominio de la metáfora.—Era natural que en una poesía que aspiraba a deformar la realidad, a eludirla, la metáfora dejara de ser un componente, entre otros, del poema, para convertirse en su espina dorsal, en su misma razón de ser. Conocida es la definición de Ortega: «La poesía es el álgebra superior de las metáforas.» Los vanguardistas las prodigaron hasta la saciedad, innovando muchas veces con ingenio y fortuna. Ninguno tan ingenioso y afortunado como Gómez de la Serna, cuya greguería no es otra cosa que una metáfora [6]. Desde Góngora, nadie le igualó en inventiva. Éstos son los dos maestros —próximo y remoto— de la generación de 1297. Ya mucho antes de esta fecha, sostenía Marinetti que «la poesía ha de ser una sucesión ininterrumpida de imágenes». En esto estuvieron de acuerdo todas las tendencias, y una de ellas tomó el nombre de «imaginismo». Para los ultraístas, la imagen y la metáfora eran los «más puros e imperecederos elementos»

[6] A la inversa, muchas metáforas de los poetas de 1927 parecen greguerías en verso. Así, cuando Gerardo Diego escribe: «La guitarra es un pozo / con viento en vez de agua.» Y Altolaguirre: «El eco del pito del barco / debiera de tener humo», o: «Las barcas de dos en dos, / como sandalias del viento / puestas a secar al sol.»

del poema. Para Gómez de la Serna, también: «lo único que quedará, lo único que en realidad ha quedado de unos tiempos y de otros, ha sido la gracia de las metáforas salvadas.»

Escritura onírica.—Respecto al proceso creador, los vanguardistas difieren entre sí. Unos, de acuerdo con su concepción clásica del arte, rechazan de plano la teoría romántica de la «inspiración» y hacen hincapié en la consciencia del poeta. Recuérdese cómo García Lorca, aparentemente tan poco intelectual, precisaba: «Si soy poeta, lo soy por la gracia de la técnica y del esfuerzo, y de darme cuenta en absoluto de lo que es un poema.» De igual modo, Domenchina afirma: «Poesía es aptitud —inspiración o numen— y trabajo.» Sin embargo, ya Marinetti había aconsejado: «Es preciso destruir la sintaxis, disponiendo los sustantivos al azar de su nacimiento.» Por último, el surrealismo propugna la escritura onírica, el «automatismo psíquico puro, en función del cual uno se propone expresar el funcionamiento real del pensamiento. Dictado del pensar con ausencia de todo control ejercido por la razón». Escribir al dictado de la subconsciencia, taquigrafiarla sin intervención de la razón consciente [7], era un principio congruente con el mundo absurdo y caótico que se trataba de expresar. Pero se trataba de una aspiración imposible de llevar a cabo. Bien dijo Dámaso Alonso: «El automatismo no ha sido practicado ni aun por sus mismos definidores.» Prueba de ello la tenemos en la creación de la palabra misma «surrealista» o «suprarrealista», a la que Apollinaire llegó tras rechazar «supranaturalista» y «dándose cuenta de la impropiedad de su primera proposición». Vicente Huidobro recomendaba: «Hacer un poema como la naturaleza hace un árbol», como si esta originalidad espontánea le fuera posible al hombre. La «enumeración

[7] La razón consciente, la razón lógica, puede, y aun debe, no intervenir en la creación artística, que procede por intuiciones. Es lo que ocurre con la transcripción de los «datos inmediatos de la conciencia» del filósofo francés Bergson, procedimiento intuitivo que influyó en la poesía y que representa un paso hacia el automatismo de los vanguardistas.

caótica»[8], estudiada por Spitzer, es, bajo su apariencia azarosa, un procedimiento literario y consciente, «el resultado —voluntario y necesario— de un sincero *ilogismo*», en palabras de Guillermo de Torre.

Atomización.—Antes señalé que para el poeta vanguardista la creación —«fabricación», dice Guillén— era un «hacer». Sin embargo, los surrealistas, al quebrantar los nexos lógicos, al propender a «una sucesión superpuesta de anotaciones y reflejos sin enlace causal» (Guillermo de Torre), al practicar la incoherencia y entregarse —por lo menos en teoría— al azar, transforman el «hacer» en un «deshacer», que quiere ser reflejo del carácter «fragmentario», relativo del mundo y de las visiones oníricas que lo expresan.

A la disolución literaria contribuía también el abuso de la metáfora que, al valer por sí misma, desligada de la totalidad del poema, convertía a éste en la «sucesión ininterrumpida de imágenes» de que hablaba Marinetti. De las greguerías decía su creador: «Cumple este género el deseo de disolver que hay en lo profundo de la composición literaria... Yo me he permitido el desorden, la descomposición... La literatura se vuelve atómica.» Ortega diría gráficamente: «El espejo de la belleza se ha roto en mil pedazos.» En efecto, las estructuras tradicionales —por ejemplo, los géneros literarios y sus respectivos límites— se resquebrajan, la poesía aspira a no ser siquiera literatura, se abandona el poema largo, asistimos por todos lados a un movimiento centrífugo de dispersión, de desintegración. La literatura toca el extremo límite de sus posibilidades y

---

[8] El poema «Valle Vallejo» de Gerardo Diego nos ofrece una buena muestra de esta clase de enumeración: «Caricia Quizás Categoría Cuñado Cataclismo» y «Madre Miga Moribundo Melquisedec Milagro.» Gómez de la Serna explica cómo dio con el término «greguería»: «Entonces metí la mano en el gran bombo de las palabras y al azar, que debe ser el bautizador de los mejores hallazgos, saqué una bola... La *greguería* es lo más casual del pensamiento.» Naturalmente, se trata de una humorada: al azar, por casualidad, no hay modo de crear nada artístico.

llega el momento de hacer alto en el camino y de dar marcha atrás para salvarse de la inminente aniquilación a que la ha expuesto su audacia.

Hemos señalado lo que la poesía europea quiso hacer entre 1920 y 1940, fecha en que vuelve a percibirse un nuevo cambio de rumbo. Pero entre la teoría y la práctica medió buen trecho. España, según dijimos, fue particularmente moderada. Nuestro vanguardismo es resultado de la fusión de las nuevas tendencias de Europa con la tradición nacional. Por último, salvo García Lorca, todos los poetas de la generación de 1927 han seguido escribiendo después de 1940 y han evolucionado más o menos, alejándose de los supuestos vigentes cuando dicha generación inició su camino. Perseguir éste hasta el día de hoy nos llevaría demasiado lejos. Puede, así, que la lectura de estos poetas sólo confirme a medias las teorías que han quedado expuestas. Veamos ahora brevemente la obra de cada uno de ellos.

Pedro Salinas

El tema central en su poesía es el del amor. Salinas es, como Garcilaso en el siglo XVI, Bécquer en el XIX o Aleixandre en el XX, uno de los grandes poetas amorosos de la literatura española. Salinas trata el tema de modo conceptual: *Razón de amor* que canta «el dulce cuerpo pensado» de la amada. Se ha dicho que ésta es una «lírica del vocativo» (Julián Marías). El poeta no sólo canta *a* la amada, sino *para* ella y *por* ella: *La voz a ti debida.* Mas, ese *tú,* a la vez que plenamente personal, es, antes que el correlato del *yo,* la creación de éste, su conciencia o concepto, el necesario término relativo de la actividad mental del amante, como señala muy bien Spitzer. Poesía, pues, del *tú,* pero también, y sobre todo, del *yo*: idealismo y relativismo poéticos, visión subjetiva de las cosas *en mí,* en el sujeto pensante. Ese *tú* es un *tú* real, de carne y hueso, de cuerpo y alma; pero su realidad física nos escapa, porque queda abstraída en la pura señal del pronombre:

Para vivir no quiero
islas, palacios, torres.
¡Qué alegría más alta:
vivir en los pronombres!

La realidad material, el universo en torno, visto siempre en función de la amada, iluminado por el amor, pierde sus atributos contingentes, es sometido a una desrrealización irónica, a la manipulación ingeniosa de un conceptismo que gusta de la contradicción, del contraste entre el sí y el no, del juego de las oposiciones: *Seguro azar*. Lo que el poeta persigue, a través de lo concreto, de lo anecdótico, de la realidad cotidiana, *no* es ella misma, *sino* otra «más alta», una «trasrealidad» simbólica. De ahí el frecuente uso de negaciones y de precisiones de matiz. La lírica de Salinas es una psicología del amor que en su riqueza, en su finura de análisis, recuerda a Proust, y que culmina en una metafísica poética. En esta obra hay, como reza uno de sus títulos, *Fábula y signo*. *Signo,* porque la anécdota se articula en un coherente y significativo sistema. *Fábula,* porque esta poesía dice y habla con contención emotiva, sí, pero con efusiva fluidez. El rasgo externo de esta jubilosa, amorosa influencia es la sucesión de versos, libres de la construcción estrófica, de la rigidez del metro y la rima, versos generalmente de arte menor, asonantes o blancos, que dan a esta poesía inconfundible flexibilidad.

Jorge Guillén

Toda la poesía de Guillén, hasta 1950, es un *Cántico* al cosmos —«El mundo está bién hecho»— y a la dicha de ser:

Ser. Nada más. Y basta.
Es la absoluta dicha.

Si por su rigor ontológico y por la perfección clásica que lo expresa, Guillén se relaciona con Paul Valéry, por su elementalidad y su optimismo vital recuerda, como señaló Salinas, a Walt Whitman. Para Guillén, que no cree en el pecado original, el paraíso terrenal está en esta vida, que es contemplada no como camino para la otra, sino como «absoluto presente». En este universo, ajeno al curso del tiempo, inmutable, esencial y perfecto, como el de Parménides o el de Leibniz, las realidades inmediatas son mera representación de lo uno esencial:

¡Oh concentración prodigiosa!
Todas las rosas son la rosa;
Plenaria esencial universal.

La abstracción de lo anecdótico, circunstancial, contingente, que notamos en Salinas, llega en Guillén al límite más apurado. Su poesía es eminentemente objetiva, pero los objetos, las cosas se nos ofrecen sólo en geométrico escorzo, en puro perfil. Es una poesía de desnudez total, vaciada en formas de aristas diamantinas, con luz de cima, como el aire en los cuadros de Velázquez o como el paisaje sin accidentes de la meseta castellana.

Guillén cultiva los metros clásicos —la décima, con menos frecuencia el soneto—, pero, sobre todo, la estrofa de cuatro versos heptasílabos con rima asonante. La rigidez métrica, la limitación estrófica frenan la frase, que no es discursiva, como la de Salinas, sino que se reduce concisamente a sus elementos sustantivos. En efecto, la abundancia del nombre, en especial del nombre abstracto, y del adjetivo sustantivado —«lo uno, lo claro, lo intacto»—, la escasez del verbo (la palabra temporal por definición: en alemán, *Zeitwort*), son el instrumento exacto del mundo extático, esencial, absoluto que expresan, producen una sintaxis «mínima y justa, construcción con bloques yuxtapuestos, sin argamasa, como la del dos veces milenario acueducto de Segovia» (Amado Alonso).

En 1957, el autor de *Cántico,* cuyas últimas ediciones ya llevaban el significativo subtítulo *Fe de vida,* publica el primer volumen de *Clamor*: *Maremágnum,* al que siguen ... *Que van a dar en la mar* y *A la altura de las circunstancias.* Los títulos son sobremanera expresivos del cambio sufrido por el poeta. De la entusiasmada contemplación del cosmos se pasa al lamento ante un mundo que ahora es *maremágnum,* caos, el mundo contemporáneo con su secuela de angustias y miserias. Del «absoluto presente» nos trasladamos a la «circunstancia» del tiempo histórico y del tiempo de la vida, de lo esencial a lo existencial. Guillén toma dolorosa conciencia de la humana temporalidad, de la muerte —el mar en que van a dar los ríos, de Jorge Manrique—, de las imperfecciones de este mundo, contra las que intenta rebelarse patética, inútilmente, desilusionado de su inicial optimismo.

Gerardo Diego

Sus dos notas sobresalientes son la versatilidad y el virtuosismo, arquitectónico y musical a la vez. Nadie ofrece tan vario registro de temas, metros, estilos, tendencias. En sus libros iniciales —*El romancero de la novia, Soria*— hay aún ecos románticos (de Bécquer, sobre todo) y modernistas, con influjos de Juan Ramón Jiménez y Antonio Machado. *Imagen* y *Manual de espumas* son audaces muestras de creacionismo, de poesía deshumanizada. Un nuevo sesgo origina los *Versos humanos.* El entusiasmo gongorino de 1927, la barroca *Fábula de Equis y Zeda* y la *Antología poética en honor de Góngora.* Esta antología, la de *Poesía española* (1932) y la dirección de la revista «Carmen» hacen de Gerardo Diego uno de los teóricos y promotores, junto a Dámaso Alonso, de la nueva poesía. Ya cultive la más libre, ya la más tradicional, aunque siempre con acento moderno, y cualquiera que sea el tipo de verso elegido, la perfección formal es constante. Gerardo Diego no tiene rival en el dominio del soneto, con el que alcanza altitud cimera en *Alondra de verdad,* quizá su obra maestra. La técnica y la facilidad de este poeta son tales, que le permiten tocar con igual acierto los temas más graves —por ejemplo, el religioso, poco cultivado en su época: *Viacrucis, Versos divinos*— y los más ligeros, como el tema de los toros: *La suerte o la muerte.* El propio Gerardo Diego nos ha explicado su polifacética disposición: «Yo no soy responsable de que me atraigan simultáneamente el campo y la ciudad, la tradición y el futuro; de que me encante el arte nuevo y me extasíe el antiguo; de que me vuelva loco la retórica hecha y me torne más loco el capricho de volver a hacérmela —nueva— para mi uso personal e intransferible.» Que una producción de tan sostenido nivel de belleza sea compatible con una rica fecundidad es testimonio seguro de que su autor no es sólo un artífice, sino un auténtico poeta.

Federico García Lorca

Es el ejemplo típico de poeta nato, lo que no excluye que haya en él mucho de aprendido. Su poesía es, tanto o más que lírica, dramática, en los dos sentidos de esta palabra: en el de trágica y en el de encarnada en personajes que no son mera proyección del yo del autor. El poeta lírico y el dramático colaboran en su teatro, en el que se encuentran algunas de las muestras poemáticas más felices que escribiera. Su instinto de lo popular y de lo español (no sólo de lo andaluz: recuérdense sus *Poemas galegos*) era comparable al de Lope. Poseía, a la vez, una intuición agudísima del arte moderno y de la cultura literaria. Lo popular y lo culto, lo antiguo y lo nuevo, lo espontáneo y lo reflexivo, lo español y lo universal se funden en su obra, si no mejor, más famosa: el *Romancero gitano.* Sin ser el único que resucita el romance tradicional, lo cultiva con personalidad absoluta. Este libro ha logrado entusiasmar tanto al gran público como al lector entendido. Al primero, por la ilación argumental —tenue, pero perceptible—, por la tensión dramática y la suspensión emotiva, por la forma métrica y las calidades plásticas, sensuales, garbosas;

al segundo, por todo ello y por el constante acierto expresivo, la riqueza de metáforas, oscuras y difíciles a veces, pero siempre geniales, por la profundidad simbólica —telúrica, elemental— que trasciende de la anécdota y los tipos pasionales, primitivos, que le dan vida. El *Poema del cante jondo,* basado en el folklore andaluz, es de ambiente similar al del *Romancero gitano.* Ambos libros hacen de Lorca el intérprete impar de la «Andalucía del llanto».

Canciones nos ofrece otra faceta de Lorca: la del sabio recreador de nuestra poesía de cancionero, la ternura y la gracia líricas del juglar del mundo infantil, de la miniatura refinada. En *Canciones,* el andalucismo es subsidiario. Lo primordial es el acento popular, la estilización del folklore.

Su obra maestra es quizá el *Llanto por Ignacio Sánchez Mejías,* libro en el que su autor dio la plena medida de sí mismo y que si se compara con *Verte y no verte,* elegía de Alberti al mismo citado torero, permite fallar sin la menor duda la superioridad de Lorca sobre quien durante algún tiempo fue su presunto rival. Las cuatro partes del *Llanto,* con sus diferentes metros, componen una sinfonía funeral de riqueza y hondura admirables. Lo de menos es la ocasión para la que se escribió. Su alcance es universal.

En el *Llanto* se deja ver la influencia del surrealismo. Pero donde este influjo es más claro, sin ser abrumador, pues Lorca tenía el sentido de la medida, es en *Poeta en Nueva York,* airada protesta contra la civilización materialista y mecánica de nuestro tiempo, con ecos de denuncia social: los negros, la vida de los suburbios...

Lorca es el autor español de su generación que ha alcanzado mayor resonancia internacional. No es extraño este triunfo de un poeta que reunió en síntesis única tan varios y acusados dones.

Rafael Alberti

Más que a Lorca, con quien suele comparársele por fáciles motivos —andalucismo, vena popular—, Alberti recuerda a Gerardo Diego por el dominio de la técnica, la variedad de facetas, la fecundidad. En la poesía de Alberti hay que distinguir las siguientes etapas:

La neopopularista —*Marinero en tierra, La Amante, El alba del alhelí*—, inspirada en nuestro cancionero tradicional y en el folklore andaluz. Estas breves canciones donde se conjuntan felizmente tradición y modernidad, escritas con la gracia de un Gil Vicente o de un Lope, son quizá el máximo acierto de Alberti, que en los últimos años ha vuelto más de una vez a su primera manera: *Entre el clavel y la espada, Baladas y canciones del Paraná.*

La neogongorina y vanguardista —*Cal y canto*—, propia del entusiasmo de su generación por el autor de las *Soledades,* de quien hace una paráfrasis. La obra incluye, además, sonetos, tercetos, romances, cuartetos y algunos poemas que preludian el humor de *Yo era un tonto y lo que he visto me ha hecho dos tontos. Cal y canto* es un libro sin unidad temática ni formal, un ejercicio de virtuosismo barroco, sin mayores méritos que los técnicos.

La surrealista: *Sobre los ángeles.* En nuestra opinión, se ha exagerado mucho el valor de este libro, que muchos consideran la obra maestra del autor y una de las obras capitales del surrealismo español. El surrealismo de Alberti parece más fruto de una deliberada actitud mimética que de una honda convicción interior. Los ángeles y demonios de Alberti resultan «literarios». El verso libre es indeciso, como producto de una nueva experimentación del poeta, que no logra en él la maestría formal mostrada en los metros, populares o cultos, antes cutivados. *Sobre los ángeles* incluye un homenaje al soñador y angélico Bécquer, a quien los poetas de 1927 salvaron, por su pureza estética, del descrédito en que envolvieron al Romanticismo. *Sermones y moradas* prolonga la línea de *Sobre los ángeles,* en un verso libre estirado hasta los límites de la prosa.

A partir de este momento y a través de *Elegía cívica* —«crisis anarquista y tránsito de mi pensamiento poético», en palabras del autor—, Alberti desemboca en la poesía política, que cultivará hasta la fecha, aunque con frecuentes retornos a la «poesía burguesa», que repudió en 1931. Es lugar común afirmar que la lírica revolucionaria de Alberti no está al nivel de su producción anterior. Es verdad que en dicha lírica hay lamentables caídas y muestras de mal gusto. Pero también lo es que en esta dirección Alberti ha escrito bastantes de los mejores poemas que salieron jamás de su pluma.

En conjunto, Alberti es, a nuestro juicio, un gran poeta, pero no un poeta de primerísimo orden, como creen muchos que lo ponen a la par, y aun por encima, de Lorca.

Juan José Domenchina

A pesar de la precocidad —publica *Del poema eterno* a los diecinueve años—, Domenchina es antes escritor de oficio que poeta indeclinable. Su punto de partida está en el posmodernismo, con influencias de Juan Ramón Jiménez. Pero Domenchina se parece más a Ramón Pérez de Ayala, prologuista de su primer libro, con quien comparte la sutileza, el rigor conceptual, la sequedad, la inspiración «literaria» (Quevedo, entre los clásicos; Valéry y Guillén, entre los modernos), la tendencia a la ironía amarga y la sátira, el barroco rebuscamiento verbal, que llega al colmo en la críptica, enrevesada expresión de *Dédalo,* libro con el que su autor se incorpora, bastante externamente, a la boga surrealista. El talento de Domenchina encuentra su mejor cauce en las formas clásicas del barroquismo español: la décima, el soneto. En los últimos años, al tema sexual y al de la muerte se une el de la nostalgia del expatriado: *Exul umbra, La sombra desterrada, El extrañado.* Este sentimiento, y una mayor tersura formal, dan a los citados libros un acento de sinceridad, dignidad moral, grave estoicismo, por los que Domenchina se hace acreedor, en definitiva, al título de poeta.

Dámaso Alonso

Su contribución más importante en el momento formativo del grupo de 1927 fue la revaloración de Góngora. Es Dámaso Alonso quien descubre a sus compañeros de generación el significado artístico del autor de las *Soledades*. También quien pone a algunos (a Alberti, por ejemplo) sobre la pista de nuestro cancionero tradicional. Como poeta se le deben los *Poemas puros, poemillas de la ciudad* (1921), libro que, a pesar de la fecha y del título, no tiene nada que ver con la poesía «pura» de entonces, y muy poco con Juan Ramón Jiménez, cuya influencia era omnímoda a la sazón. El mayor interés de este libro consiste en ofrecernos en embrión los principales rasgos de la obra madura de su autor.

La madurez poética de Dámaso Alonso es tardía: no llega hasta *Hijos de la ira* (1944), libro de poesía «desarraigada», que ha ejercido, por la forma y el contenido, amplio influjo en las últimas generaciones. La expresión prosaica, con ecos del surrealismo; el verso sincopado, violento; la preocupación religiosa, el pensamiento «existencial» de este libro, marcan un viraje en el rumbo de la poesía española. Lo que le importa al poeta no es la creación de belleza, sino la inmersión en el dolor del mundo, en la vida humana. *Hijos de la ira* es un diálogo del hombre con Dios, o quizá «sin Dios» en el sentido pascaliano o agustiniano: el hombre, sin Dios, se siente «miserable»; el hombre no buscaría a Dios si no lo hubiese ya encontrado. El diálogo, tan apasionado como el de Unamuno, discurre entre patéticas, desgarradas imprecaciones y ramalazos de humor grotesco. Sin Dios, este mundo es un contrasentido, un absurdo, una verdadera alucinación. El hombre es un «monstruo entre monstruos». *Hijos de la ira* representa el arranque de una obra que se mueve toda entre los dos mismos polos —Dios y el hombre—, aunque con distintas leyes de polaridad en cada libro: Hombre sin Dios, en *Hijos de la ira* y en *Oscura noticia;* «Hombre y Dios», en el libro así titulado; Hombre-Dios, en *Gozos de la vista,* aún inédito, del que hay anticipos publicados en revista.

Vicente Aleixandre

Aleixandre —escribe Bousoño— «hace de la solidaridad amorosa con el cosmos y el hombre el centro de su actividad literaria». La fórmula surrealista, de la cual parte —*Espadas como labios, Pasión de la tierra*— alcanza su plenitud en *La destrucción o el amor.* Con justicia, afirma Cernuda: «El superrealismo francés obtiene con Aleixandre en España lo que no obtuvo en su tierra de origen: un gran poeta.»

La destrucción o el amor (1935) es un canto total a la naturaleza, a su despliegue de fuerzas y al anhelo por llegar, a través del amor, quebrantando nuestra radical soledad, a la comunión pánica en el seno del universo. El sentido de este libro, doloroso y violento, se completa con el siguiente: *Sombra del paraíso* (1944), menos encrespado de forma, pero idéntico en sustancia. Fijémonos en el título: Aleixandre no canta el mundo «bien hecho» de Jorge Guillén, el paraíso terrenal en esta vida, ya que persiste en la visión panteísta de *La destrucción o el amor,* y no hay edén si antes no se consuma nuestra aniquilación. Canta la nostalgia de un reino paradisíaco que lo mismo puede ser posterior a la muerte que anterior al nacimiento del hombre: «¡Humano: nunca nazcas!» Este verso traduce el pesimismo de Aleixandre, que no cree en ninguna «bondad natural» del hombre. Los seres representativos de este poeta son los animales, como símbolos de vida próxima a la naturaleza, como encarnaciones de su poderío. De ahí la copiosa fauna que aparece en los dos libros de que tratamos. Ambos muestran una apretada estructura, una sistemática concepción del mundo.

Historia del corazón (1945) señala un cambio de perspectiva en el autor, que evoluciona sin romper con su precedente postura. Ahora la atención del poeta se centra en el hombre, no ya como individuo aislado, sino como miembro de lo comunal, como elemento solidario «en un vasto dominio», según reza el título de su libro siguiente y la significativa cita de Goethe que lo encabeza: «Sólo todos los hombres viven lo humano.» A través del nuevo enfoque reconocemos al mismo poeta de siempre, su coherencia de pensamiento.

Aleixandre es un maestro del verso libre, forma que maneja con pujante originalidad en *La destrucción o el amor,* y que eleva a una belleza «clásica» desde *Sombra del paraíso.*

Esta poesía se nos ofrece, así, como un gran panorama de cerrada perfección. Centrada primero en el cosmos y más tarde en el hombre, nos proyecta sobre la doble aventura de la existencia: el gran misterio universal y el pequeño gran misterio del corazón humano; recorre el macrocosmos y el microcosmos, lo exterior y lo íntimo; es poesía metafísica y poesía ética. Ningún poeta ha ejercido más influencia que Aleixandre en la generación posterior a 1939.

Luis Cernuda

Sevillano como Bécquer, recuerda al autor de las *Rimas* en la delicada, impalpable sensibilidad, la contención expresiva alejada de toda retórica, la predilección por la «lírica de los nortes»: alemana e inglesa. La obra de Cernuda es, entre todas las de su tiempo, la que menos encaja en la tradición poética nacional comúnmente aceptada. En este sentido aporta original novedad al acervo español.

Poeta fatal, obligado por su «demonio» interior al cumplimiento de una vocación y a la fidelidad a sí mismo, Cernuda es un romántico de la estirpe de Keats o de Hölderlin. Rebelde y puro, expresa su desengaño del mundo, su desdén por la vida y la maldad humana, su desazón ante la eterna oposición entre «la realidad y el deseo», en un lenguaje de ajustada belleza, en un verso libre refrenado, abandonado al cansancio de la palabra, de apariencia descuidada, pero de honda perfección interna en su sencillez.

Cernuda empieza bajo el influjo de Guillén, que abandona en seguida. Dos libros —*Un río, un amor* (1929) y *Los placeres prohibidos* (1931)— señalan su incorporación al surrealismo, «corriente espiritual en la juventud de una época ante la cual —escribe el autor— yo no pude, ni quise, permanecer indiferente». *Invocaciones a las gracias del mundo* (1934-35) representa el descubrimiento, a través de Hölderlin, de Grecia y del paganismo. En los libros escritos en el destierro, Cernuda toca en ocasiones —*Lázaro, La visita de Dios,* etc.— temas cristianos y religiosos.

Pasión y refexión se equilibran y funden en esta poesía de fuego envasado en una forma nítida y fría; poesía de la que cabría decir, con un verso del autor, que está hecha de «miembros de mármol con sabor de estío». El retraimiento del hombre y las cualidades, tan raras entre nosotros de su poesía —pensamiento, aristocratismo e spiritual, desprecio de la elocuencia— han contribuido a que Cernuda, aunque muy admirado por ciertos lectores, no goce unánimemente del puesto privilegiado que en justicia le corresponde.

Emilio Prados

Malagueño, como Altolaguirre, con quien le unió estrecha amistad y en compañía del cual fundó y dirigió la revista y ediciones de «Litoral». Prados sólo recibe un influjo epidérmico de las escuelas de vanguardia: el aire de juego, el uso de las metáforas. Su obra, de refinado tono menor —*Canciones del farero, Cancionero menor*—, es una estilización culta del folklore andaluz. Esta poesía se relaciona con la del primer Alberti en sus motivos marineros, donde, como escribe Valbuena Prat, «hay más orden que inmensidad, más nave que brisa, más puerto que espuma»; y con la de García Lorca, tanto por el gusto del arabesco y la miniatura como por la presencia de más hondos temas: el llanto, el sueño, la muerte: *El llanto subterráneo, Circuncisión del sueño, Mínima muerte*. Los acontecimientos de la vida española —la guerra, el destierro— ponen en Prados, sobre la gracia infantil y juvenil de sus primitivas canciones, un acento de humanidad y de dolor.

Manuel Altolaguirre

Los valores de su poesía —menor, pero auténtica— emanan de la calidad humana de su autor, «ángel» malagueño, como lo llamó Aleixandre. De Altolaguirre dice José Luis Cano que «era la juventud misma, la alegre y dorada inconsciencia del vivir... era tan distraído y seductor como Shelley». Este «benjamín de la generación de 1927» tenía, como Lorca, el don de la contagiosa simpatía, de la gracia infantil. Su obra es aérea, delicada, de aliento romántico. De pronto, el niño, el «ángel» que parecía estar en las nubes, nos sorprende con un chispazo de misteriosa intuición de lo humano abisal, que hace pensar en Blake. Altolaguirre mismo ha confesado que su poesía «se siente hermana menor de la de Salinas», reconociendo también el influjo de Juan Ramón Jiménez, Aleixandre, Cernuda y Prados.

Nota del editor

Este libro es básicamente reedición de la *Antología del grupo poético de 1927* de Vicente Gaos (Salamanca, Anaya, 1965). La puesta al día es obra de Carlos Sahagún, que ha actualizado las notas bibliográficas, ha añadido poemas de libros posteriores a 1965 y ha corregido ocasionalmente erratas de la primera edición.

Bibliografía esencial

[illegible]

1) Estudios

1. F. T. Marinetti, *El futurismo*. Trad. española, Valencia, Sempere, s.a. (¿1912?)
2. Tristan Tzara, *Sept manifestes Dada*, París, Jean Budry, 1924 (trad. esp., Barcelona, Tusquets, 1972).
3. André Breton, *Manifeste du surréalisme*, París, S. Kra, 1924 (trad. esp. en *Manifiestos del surrealismo*, Madrid, Guadarrama, 1969).
4. Rafael Cansinos Assens, *El movimiento* [illegible] *poético*, Madrid, Mundo Latino, s.a. (¿1921?)
5. José Ortega y Gasset, *La deshumanización del arte*, Madrid, Revista de Occidente, 1925.
6. [illegible] de la Peña, *El ultraísmo en España*, Ávila, Impr. de la Editorial Castellana, 1925.
7. Guillermo de Torre, *Literaturas europeas de vanguardia*, Madrid, Caro Raggio, 1925 (2.ª ed., totalmente renovada, con el título de *Historia de las literaturas de vanguardia*, Madrid, Guadarrama, 1965).

Bibliografía general

No podemos dar aquí una bibliografía completa. Nos limitamos a señalar algunos estudios y antologías. En muchos de los libros citados puede encontrar el lector bibliografía adicional.

I) Estudios

1. F. T. Marinetti, *El futurismo.* Trad. española. Valencia, Sempere, s. a. (¿1912?)
2. Tristan Tzara, *Sept manifestes Dada.* París, Jean Budry, 1924 (trad. esp., Barcelona, Tusquets, 1972).
3. André Breton, *Manifeste du surréalisme.* París, S. Kra, 1924 (trad. esp. en *Manifiestos del surrealismo,* Madrid, Guadarrama, 1969).
4. Rafael Cansinos Assens, *El movimiento vanguardista poético.* Madrid, Mundo Latino, s. a. (¿1924?)
5. José Ortega y Gasset, *La deshumanización del arte.* Madrid, Revista de Occidente, 1925.
6. Manuel de la Peña, *El ultraísmo en España.* Ávila, Impr. de la Editorial Castellana, 1925.
7. Guillermo de Torre, *Literaturas europeas de vanguardia.* Madrid, Caro Raggio, 1925 (2.ª ed., totalmente renovada, con el título de *Historia de las literaturas de vanguardia,* Madrid, Guadarrama, 1965).

8. HENRI BRÉMOND, *La poésie pure.* Paris, Grasset, 1926 (trad. esp., Buenos Aires, 1947).
9. RAFAEL CANSINOS ASSENS, *La nueva literatura, III. La evolución de la poesía.* Madrid, Páez, 1927.
10. FRANCISCO ICHASO, *Góngora y la nueva poesía.* La Habana, 1927.
11. ALBERTO ZUM FELDE, *Estética del novecientos.* Buenos Aires, Ediciones de la Facultad de Humanidades, 1927.
12. «ANDRENIO», *Pen Club, I: Los poetas.* Madrid, Renacimiento, 1929.
13. ÁNGEL VALBUENA PRAT, *La poesía española contemporánea.* Madrid, C.I.A.P., 1930.
14. RAMÓN GÓMEZ DE LA SERNA, *Ismos.* Madrid, Biblioteca Nueva, 1931.
15. RAFAEL ALBERTI, *La poesía popular en la lírica española contemporánea.* Jena-Leipzig, W. Gronau Verlag, 1933 (recogido en *Prosas encontradas 1924-1942,* ed. de R. Marrast. Madrid, Ayuso, 1970, págs. 89-103).
16. F. M. KERCHEVILLE, *A Study of Tendencies in Modern and Contemporary Spanish Poetry from the Modernist Movement to the Present Time.* New Mexico, 1933.
17. GUILLERMO DÍAZ-PLAJA, *El arte de quedarse solo y otros ensayos.* Barcelona, Juventud, 1936.
18. GUILLERMO DÍAZ-PLAJA, *La poesía lírica española.* Barcelona, Labor, 1937; 2.ª ed., 1948.
19. PEDRO SALINAS, *Reality and the Poet in Spanish Poetry.* Baltimore, The John Hopkins Press, 1940; 2.ª ed., 1966.
20. PEDRO SALINAS, *Literatura española. Siglo XX.* México, Séneca, 1941 (3.ª ed. Madrid, Alianza Editorial, 1970).
21. JUAN RAMÓN JIMÉNEZ, *Españoles de tres mundos.* Buenos Aires, Losada, 1942 (nueva ed. aumentada. Madrid, Afrodisio Aguado, 1960).
22. JOSÉ MORENO VILLA, *Vida en claro.* México. El Colegio de México, 1944.
23. GUILLERMO DE TORRE, *Guillaume Apollinaire:*

su vida, su obra, las teorías del cubismo. Buenos Aires, Poseidón, 1946.

24. MAX AUB, *La poesía española contemporánea.* México, Imprenta Universitaria, 1947 (nueva ed. México, Ed. Era, 1969).
25. CECIL M. BOWRA, *The Creative Experiment.* Londres, McMillan, 1949.
26. MANUEL DURÁN, *El superrealismo en la poesía española contemporánea.* México. Universidad Autónoma, 1950.
27. JOSÉ F. CIRRE, *Forma y espíritu de una lírica española (1920-1935).* México, Gráf. Panamericana, 1950.
28. DÁMASO ALONSO, *Poetas españoles contemporáneos.* Madrid, Gredos, 1952; 3.ª ed., 1965.
29. RAFAEL SANTOS TORROELLA, *Medio siglo de publicaciones de poesía en España. Catálogo de revistas.* Segovia-Madrid, Gráf. Uguina, 1952.
30. ALBERTO MONTERDE, *La poesía pura en la lírica española.* México, Universitaria, 1953.
31. JOAQUÍN GONZÁLEZ MUELA, *El lenguaje poético de la generación Guillén-Lorca.* Madrid, Ínsula, 1954.
32. LEO SPITZER, «La enumeración caótica en la poesía moderna», en *Lingüística e historia literaria.* Madrid, Gredos, 1955, págs. 299-355.
33. DÁMASO ALONSO, «Góngora y la literatura contemporánea», en *Estudios y ensayos gongorinos.* Madrid, Gredos, 1955, págs. 532-79.
34. GONZALO SOBEJANO, *El epíteto en la lírica española.* Madrid, Gredos, 1956; 2.ª ed. 1970.
35. ANTONIO DE UNDURRAGA, «Teoría del creacionismo», en Vicente Huidobro, *Poesía y Prosa.* Madrid, Aguilar, 1957, págs. 15-186.
36. LUIS FELIPE VIVANCO, *Introducción a la poesía española contemporánea.* Madrid, Guadarrama, 1957 (2.ª ed., 2 vols., ibíd., 1971).
37. LUIS CERNUDA, *Estudios sobre poesía española contemporánea.* Madrid, Guadarrama, 1957; 3.ª ed., 1972.

38. RAFAEL FERRERES, «Sobre la generación poética de 1927», en *Papeles de Son Armadans,* XI, números 32-33, noviembre-diciembre 1958, páginas 301-314 (recogido en *Límites del modernismo.* Madrid, Taurus, 1964).
39. HILDEGARD BAUMGART, *Der Engel in der modernen spanischen Literatur.* Ginebra, 1958.
40. VICENTE ALEIXANDRE, *Los encuentros.* Madrid, Guadarrama, 1958.
41. PEDRO SALINAS, *Ensayos de literatura hispánica.* Madrid, Aguilar, 1958.
42. RAFAEL ALBERTI, *La arboleda perdida.* Buenos Aires, Fabril Edit., 1959 (2.ª ed. Barcelona, Seix Barral, 1975).
43. J. M. COHEN, *Poetry of this Age.* Londres, Arrow Books, 1959 (trad. esp., México, Fondo de Cultura Económica, 1963).
44. HUGO FRIEDRICH, *Estructura de la lírica moderna.* Barcelona, Seix Barral, 1959; 2.ª ed., 1974.
45. GUILLERMO DE TORRE, «Contemporary Spanish Poetry», en *The Texas Quarterly,* IV, Austin, The University of Texas, 1961, págs. 55-78.
46. RICARDO GULLÓN, *Balance del surrealismo.* Santander, La Isla de los ratones, 1961.
47. C. B. MORRIS, «"Visión" and "mirada" in the Poetry of Salinas, Guillén and Dámaso Alonso», en *Bulletin of Hispanic Studies,* XXXVIII, 1961, páginas 103-112.
48. MARIE LAFFRANQUE, «Aux Sources de la Poésie espagnole contemporaine. La Querelle du Créationisme», en *Mélanges offerts à Marcel Bataillon.* Bordeaux, 1962.
49. DÁMASO ALONSO, «Góngora entre sus dos centenarios (1927-1961)», en *Cuatro poetas españoles.* Madrid, Gredos, 1962, págs. 47-77.
50. JORGE GUILLÉN, «Lenguaje de poema: una generación», en *Lenguaje y poesía.* Madrid, Revista de Occidente, 1962, págs. 233-254 (2.ª ed. Madrid, Alianza Edit., 1969).

51. ELSA DEHENNIN, *La résurgence de Gongora et la génération poétique de 1927*. París, Didier, 1962.
52. BIRUTÉ CIPLIJAUSKAITÉ, *La soledad y la poesía española contemporánea*. Madrid, Ínsula, 1962.
53. GLORIA VIDELA, *El ultraísmo*. Madrid, Gredos, 1963; 2.ª ed., 1971.
54. RAFAEL ALBERTI, *Lope de Vega y la poesía española contemporánea, seguido de «La pájara pinta»*. Prólogo de R. Marrast. París, Centre de Recherches de l'Institut d'Études Hispaniques, 1964.
55. *Poesía española*, núms. 140-141. Madrid, agosto-septiembre, 1964. (Número extraordinario dedicado a las revistas de poesía.)
56. ENRIQUE DÍEZ CANEDO, *Estudios de poesía española contemporánea*. México, Joaquín Mortiz, 1965.
57. JOAQUÍN GONZÁLEZ MUELA, «La poesía de la generación de 1927», en *Spanish Thought and Letters in the Twentieth Century*, edit. por G. Bleiberg y E. I. Fox. Nashville, Vanderbilt University, 1966.
58. BIRUTÉ CIPLIJAUSKAITÉ, *El poeta y la poesía (Del romanticismo a la poesía social)*. Madrid, Ínsula, 1966.
59. CECIL M. BOWRA, *Poetry and Politics 1900-1960*. Cambridge, University Press, 1966 (trad. esp., Buenos Aires, Losada, 1969).
60. GUILLERMO DÍAZ PLAJA, *La dimensión culturalista en la poesía castellana del siglo XX*. Madrid, 1967.
61. LUIS FELIPE VIVANCO, «La generación del 27», en *Historia general de las literaturas hispánicas*, VI, Barcelona, Vergara, 1968.
62. ANDREW P. DEBICKI, *Estudios sobre poesía española contemporánea. La generación de 1924-1925*. Madrid, Gredos, 1968.
63. JAN LECHNER, *El compromiso en la poesía española del siglo XX*, 2 vols. Leiden, Universitaire Press, 1968.
64. RICARDO GULLÓN, «La generación poética de 1925», en *La invención del 98 y otros ensayos*. Madrid, Gredos, 1969.

65. C. B. MORRIS, *A Generation of Spanish Poets.* Cambridge, University Press, 1969.
66. FRANCISCO LÓPEZ ESTRADA, *Métrica española del siglo XX.* Madrid, Gredos, 1969.
67. MARÍA TERESA LEÓN, *Memoria de la melancolía.* Buenos Aires, Losada, 1970.
68. JOSÉ LUIS CANO, *La poesía de la generación del 27.* Madrid, Guadarrama, 1970; 2.ª ed., 1973.
69. PAUL ILIE, edit., *Documents of the Spanish Vanguard.* Chapel Hill, University of North Carolina Press, 1970.
70. JOSÉ M.ª DE COSSÍO, «Recuerdos de una generación poética», en *Homenaje universitario a Dámaso Alonso.* Madrid, Gredos, 1970.
71. EMILIA DE ZULUETA, *Cinco poetas españoles (Salinas, Guillén, Lorca, Alberti, Cernuda).* Madrid, Gredos, 1971.
72. VITTORIO BODINI, *Los poetas surrealistas españoles.* Barcelona, Tusquets, 1971. (Es traducción del prólogo a la antología *I poeti surrealisti spagnoli,* Torino, Einaudi, 1963.)
73. JUAN CANO BALLESTA, *La poesía española entre pureza y revolución (1930-1936).* Madrid, Gredos, 1972.
74. C. B. MORRIS, *Surrealism and Spain (1920-1936).* Cambridge, University Press, 1972.
75. PAUL ILIE, *Los surrealistas españoles.* Madrid, Taurus, 1972.
76. RAMÓN BUCKLEY y JOHN CRISPIN, edit., *Los vanguardistas españoles (1925-1935).* Madrid, Alianza Edit., 1973.
77. FRANCISCO JAVIER DÍEZ DE REVENGA, *La métrica de los poetas del 27.* Murcia, Universidad de Murcia, 1973.
78. GUSTAV SIEBEMANN, *Los estilos poéticos en España desde 1900.* Madrid, Gredos, 1973.
79. CONCHA ZARDOYA, *Poesía española del siglo XX. Estudios temáticos y estilísticos,* 4 vols. Madrid, Gredos, 1974. (Reúne los libros *Poesía española contemporánea,* Madrid, Guadarrama, 1961, y *Poe-*

sía española del 98 y del 27, Madrid, Gredos, 1968.)
80. JUAN MANUEL ROZAS, *La generación del 27 desde dentro (Textos y Documentos).* Madrid, Ed. Alcalá, 1974.
81. PABLO NERUDA, *Confieso que he vivido.* Barcelona, Seix Barral, 1974.
82. CARLOS MARCIAL ONÍS, *El surrealismo y cuatro poetas de la generación del 27.* Madrid, Porrúa, 1974.
83. JOSÉ-CARLOS MAINER, *La edad de plata (1902-1931).* Barcelona, Libros de la Frontera, 1975.
84. VICENTE CABRERA, *Tres poetas a la luz de la metáfora: Salinas, Aleixandre y Guillén.* Madrid, Gredos, 1975.

II) ANTOLOGÍAS

JOSÉ FERNÁNDEZ MONTESINOS, *Die moderne spanische Dichtung. Studie und erläuterte Texte.* Leipzig, Teubner, 1927.

GERARDO DIEGO, *Poesía española (1915-1931).* Madrid, Signo, 1932.

GERARDO DIEGO, *Poesía española. Contemporáneos.* Madrid, Signo, 1934.

GERARDO DIEGO, *Poesía española contemporánea (Antología).* Madrid, Taurus, 1959, 7.ª ed., 1974. (Recoge en un volumen las dos antologías anteriores.)

FEDERICO DE ONÍS, *Antología de la poesía española e hispanoamericana (1882-1932).* Madrid, Hernando, 1934. (Reproducción facsímil, New York, Las Americas Publishing Company, 1961.)

MATHILDE DE POMÈS, *Poètes espagnols d'aujourd'hui.* Bruselas, Labor, 1934.

EMILIO PRADOS y A. R. RODRÍGUEZ MOÑINO, *Romancero general de la guerra de España.* Madrid-Valencia, Ediciones Españolas, 1937. (Reimpreso en Milán, Feltrinelli, 1966.)

Octavio Paz, *Voces de España. Breve antología de poetas españoles contemporáneos.* México, Letras de México, 1940.

Juan José Domenchina, *Antología de la poesía española contemporánea (1900-1936).* México, Atlante, 1941.

José Ricardo Morales, *Poetas en el destierro.* Santiago de Chile, Cruz del Sur, 1943.

Rafael Alberti, *Romancero general de la guerra española.* Buenos Aires, Patronato Hispano Argentino de Cultura, 1944.

Francisco Giner de los Ríos, *Las cien mejores poesías españolas del destierro.* México, Signo, 1945.

Eleanor L. Turnbull, *Contemporany Spanish Poetry, Selections from ten poets.* Baltimore, The John Hopkins Press, 1945.

César González Ruano, *Antología de poetas españoles contemporáneos en lengua castellana.* Barcelona, Gustavo Gili, 1946.

Alfonso Moreno, *Poesía española actual.* Madrid, Edit. Nacional, 1946.

José María Souvirón, *Antología de poetas españoles contemporáneos,* 2.ª ed. refundida. Santiago de Chile, Nascimento, 1947.

Horacio Becco y Osvaldo Svanascini, *Poetas libres de la España peregrina en América.* Buenos Aires, Ollantay, 1947.

José Luis Cano, *Antología de poetas andaluces contemporáneos.* Madrid, Instituto de Cultura Hispánica, 1952; 2.ª ed., 1968.

Oreste Macrí, *Poesia spagnola del novecento.* Parma, Guanda, 1952; 3.ª ed., 2 vols., Milano, Garzanti, 1974.

José Albi y Joan Fuster, *Antología del surrealismo español.* Alicante, *Verbo,* núms. 23-25, 1952.

Enrique Azcoaga, *Panorama de la poesía moderna española.* Buenos, Aires, Periplo, 1953.

Roque Esteban Scarpa, *Poetas españoles contempo-*

ráneos, 2.ª ed. aumentada. Santiago de Chile. Zig-Zag, 1953.

ERWIN WALTER PALM, *Rose aus Asche. Spanische und Spanisch-Amerikanische Lyric seit 1900.* Munich, R. Piper, 1955.

E. VANDERCAMMEN y F. VERHESEN, *Poésie espagnole d'aujourd'hui.* París, Silvaire, 1956.

CARLOS GARCÍA PRADA, *Poesía de España y América,* 2 vols. Madrid, Instituto de Cultura Hispánica, 1958.

V. MONTEIL, *Anthologie bilingue de la poésie hispanique contemporaine.* París, Klinsksieck, 1959.

CARLOS SAHAGÚN, *Siete poetas españoles.* Madrid, Taurus, 1959; 5.ª ed., 1973.

DARIO PUCCINI, *Romancero della Resistenza Spagnola (1936-1959).* Milán, Feltrinelli, 1960, 2.ª ed., Roma, Edit. Riuniti, 1965.

HANS MAGNUS ENZENSBERGER, *Museum der Modernen Poesie.* Frankfurt, Suhrkamp, 1960.

ÁNGEL CAFFARENA SUCH, *Antología de la poesía malagueña contemporánea.* Málaga, El Guadalhorce, 1960.

JOSÉ MARÍA CASTELLET, *Veinte años de poesía española (1939-1959).* Barcelona, Seix Barral, 1960; 4.ª ed., con el título de *Un cuarto de siglo de poesía española,* ibíd., 1966.

RAFAEL MONTESINOS, *Poesía taurina contemporánea.* Barcelona, Edit. R. M., 1960.

KARL KROLOW, *Spanische Gedichte des XX. Jahrhunderts.* Frankfurt, Insel, 1962.

J. M. AGUIRRE, *Antología de la poesía española contemporánea.* Zaragoza, Ebro, 1962; 2.ª ed., 1966.

VITTORIO BODINI, *I poeti surrealisti spagnoli.* Turín, Einaudi, 1963.

VICENTE GAOS, *Antología del grupo poético de 1927.* Salamanca, Anaya, 1965.

JOSÉ CORRALES EGEA y PIERRE DARMANGEAT, *Poesía española (Siglo* XX). París, Librería Española, 1966.

JOAQUÍN GONZÁLEZ MUELA y JUAN MANUEL ROZAS, *La generación poética de 1927.* Madrid, Alcalá, 1966; 2.ª ed. ampliada, ibíd, 1974.

CARMEN CONDE, *Antología de la poesía amorosa contemporánea.* Barcelona, Bruguera, 1969.
JACINTO LUIS GUEREÑA, *Anthologie bilingue de la poésie espagnole contemporaine.* Verviers, Marabout, 1969.
GUSTAVO CORREA, *Poesía española del siglo veinte.* Nueva York, Appleton-Century-Crofts, 1972.
PABLO CORBALÁN, *Poesía surrealista en España.* Madrid, Ed. del Centro, 1974.

Pedro Salinas

Madrid, 1891-Boston, 1951. Cursó Derecho y Filosofía y Letras en la Central. Lector de español en la Sorbona —1914-17— y en Cambridge —1922-23—. Desde 1918, catedrático de Literatura Española de la Universidad de Sevilla, de donde pasó como profesor a la de Madrid. Secretario de la Universidad Internacional de Santander, de 1933 a 1936, en que marchó a América, enseñando en Wellesley College, en Puerto Rico y en la John Hopkins University de Baltimore.

Es autor de obras en prosa —*Víspera del gozo, La bomba increíble, El desnudo impecable y otras narraciones*—, de varias piezas teatrales y, sobre todo, de importantes obras de teoría y crítica literarias: *Reality and the Poet in Spanish Poetry, Literatura española. Siglo XX, La poesía de Rubén Darío, Jorge Manrique o tradición y originalidad, El defensor, Ensayos de literatura hispánica.* Se le deben asimismo ediciones de Meléndez Valdés y San Juan de la Cruz, una versión en romance moderno del *Poema del Cid* y traducciones de Musset, Mérimée y Proust.

Obras: *Presagios.* Madrid, Índice, 1923; *Seguro azar.* Madrid, Revista de Occidente, 1929; *Fábula y signo.* Madrid, Plutarco, 1931; *Amor en vilo.* Madrid, La tentativa poética, 1933 (anticipo de *La voz a ti debida); La voz a ti debida.* Madrid, Signo, 1933; *Razón de amor.* Madrid, Cruz y Raya, 1936 (edición de estos dos últimos libros por J. González Muela. Madrid, Castalia, 1968); *Error de cálculo.* México, Fábula, 1938 (poema perteneciente al libro *Largo lamento); Poesía junta.* Buenos Aires, Losada, 1942 (contiene sus libros hasta *Razón de amor); Cero.* México, «Cuadernos Americanos», III, 1944 (recogido después en *Todo más claro); El contemplado.* México, Stylo, 1946; *Todo más claro y otros poemas.* Buenos Aires, Sudamericana, 1949; *Poemas esco-*

gidos, ed. y pról. de Jorge Guillén. Buenos Aires, Col. Austral, Espasa-Calpe, 1953 (4.ª ed. 1972); *Confianza.* Madrid, Aguilar, 1955; *Poesías completas,* ed. de Juan Marichal. Madrid, Aguilar, 1955; *Volverse sombra y otros poemas.* Milán, All'Insegna del Pesce d'Oro, 1957 (poemas del libro *Largo lamento); Poesía,* selec. y nota de Julio Cortázar. Madrid, Alianza Edit., 1971 (2.ª ed. 1974); *Poesías completas,* pról. de Jorge Guillén, ed. de Soledad Salinas de Marichal. Barcelona, Barral, 1971 (la 2.ª ed. de 1975 incluye la versión definitiva del libro inédito *Largo lamento).*

Bibliografía

Libros

Horst Baader, *P.S. Studien zu seinem dichterischen und kritischen Werk.* Colonia, Neue Folge H. 6, 1955.

Pierre Darmangeat, *P.S. et «La voz a ti debida».* París, Librairie des Éditions Espagnoles, 1955 (trad. esp. en *Antonio Machado. Pedro Salinas. Jorge Guillén.* Madrid, Ínsula, 1969, páginas 110-197).

Diana Ramírez de Arellano, *Caminos de la creación poética de P.S.* Madrid, Romo Arregui, 1956.

Helcio Martins, *P.S. Ensaio sôbre sua poesia amorosa.* Río de Janeiro, Ministerio de Educação, 1956.

Elsa Dehennin, *Passion d'absolu et tension expressive dans l'œuvre poétique d P.S.* Gante, Romanica Gandesia, 1957.

Carlos Feal Deibe, *La poesía de P.S.* Madrid, Gredos, 1965; 2.ª ed. 1971.

Julián Palley, *La luz no usada. La poesía de P.S.* México, Andrea, 1966.

Alma de Zubizarreta, *P.S.: el diálogo creador.* Madrid, Gredos, 1969.

Olga Costa Viva, *P.S. frente a la realidad.* Madrid, Alfaguara, 1969.

José Vila Selma, *P.S.* Madrid, Epesa, 1972.

David L. Stixrude, *The Early Poetry of P.S.* Madrid, Castalia, 1975.

Artículos y estudios

Ángel del Río, «P.S. Vida y obra», en *Revista Hispánica Moderna,* VII, 1941, págs. 1-32 (recogido en *Estudios sobre*

literatura contemporánea española. Madrid, Gredos, 1966, páginas 178-235).
LEO SPITZER, «El conceptismo interior de P.S.», en *Lingüística e historia literaria.* Madrid, Gredos, 1955, págs. 227-94.
MARIO DI PINTO, «La poesia di P.S.», en *Il Baretti,* Nápoles, I, 1, septiembre-octubre 1959.
RAIMUNDO LIDA, «Camino del poema: *Confianza* de P.S.», en *Filología,* V. Buenos Aires, 1959, págs. 95-117.
JUAN MARICHAL, «P.S. y su *Contemplado*», en *Studia Philologica. Homenaje a Dámaso Alonso,* II. Madrid, Gredos, 1961, páginas 435-42.
DÁMASO ALONSO, «La poesía de P.S. desde *Presagios* hasta *La voz a ti debida*», en *Del siglo de oro a este siglo de siglas.* Madrid, Gredos, 1962, págs. 126-53.
JUAN MARICHAL, «P.S.: la voz de la confidencia debida», en *Revista de Occidente,* 2.ª época, núm. 26, 1965, págs. 154-170.
JULIÁN MARÍAS, «Una forma de amor: la poesía de P.S.», en *Al margen de estos clásicos.* Madrid, Afrodisio Aguado, 1966, páginas 315-23.
(Véanse también los libros mencionados en la «Bibliografía general» bajo los núms. 21, 36, 37, 40, 47, 56, 62, 65, 71, 79 y 84.)

HOMENAJES

Ínsula, núm. 74. Madrid, febrero 1952.
Asomante, VIII, núm. 2. San Juan de Puerto Rico, abril-junio 1952.
Hispania, XXV, mayo 1952.
Ínsula, núm. 300-301. Madrid, noviembre-diciembre 1971.

[illegible] contemporánea [illegible], Madrid, Gredos, 1966, páginas 176-201.
Leo Spitzer, «El conseguido anhelo de P.S.», en Lingüística e historia literaria, Madrid, Gredos, 1955, págs. 227-94.
[illegible], «La poesia di P.S.», en Il Mattino, Nápoles, 1 [illegible] diciembre 1973.
[illegible], «Fantasma de poemas», Cuadernos de P.S., en [illegible], Buenos Aires, 1939, págs. 85-112.
[illegible] Marichal, «P.S. y sus contemporáneos» en Studia Philologica. Homenaje a Dámaso Alonso, II, Madrid, Gredos, 1961, páginas 41-42.
Dámaso Alonso, «La poesía de P.S. desde Presagios hasta La voz a ti debida», en Del siglo de oro a este siglo de siglas, Madrid, Gredos, 1962, págs. 131.
Juan Marichal, «P.S.: la voz de la conciencia», en Revista de Occidente, núm. 26, 1965, págs. 154-170.
Julián Marías, «Una forma de amor: la poesía de P.S.», en El oficio del pensamiento, Madrid, Afrodisio Aguado, 1958, páginas 215-[illegible].
Véanse también los libros mencionados en la Bibliografía general bajo los núms. 21, 26, 37, 40, 47, 56, 62, 64, 71, 79 y 94.

HOMENAJES

Ínsula, núm. 74, Madrid, febrero 1952.
Asomante, VIII, núm. 2, San Juan de Puerto Rico, abril-junio 1952.
Hispania, XXXV, mayo 1952.
Ínsula, núms. 300-301, Madrid, noviembre-diciembre 1971.

1

El alma tenías
tan clara y abierta,
que yo nunca pude
entrarme en tu alma.
Busqué los atajos
angostos, los pasos
altos y difíciles...
A tu alma se iba
por caminos anchos.
Preparé alta escala
—soñaba altos muros
guardándote el alma—
pero el alma tuya
estaba sin guarda
de tapial ni cerca.
Te busqué la puerta
estrecha del alma,
pero no tenía,
de franca que era,
entradas tu alma.
¿En dónde empezaba?
¿Acababa, en dónde?
Me quedé por siempre
sentado en las vagas
lindes de tu alma.

(De *Presagios.*)

2

ACUARELA

Con el cielo gris
la copla
triste de Sevilla
se afina, se afina.
En agua sin sol
sombras de naranjos
entierran azahares.
Arriba,
en las altas miras
esperan las niñas
los barcos de oro.
Abajo
aguardan los mozos
que se abran cancelas
a patios sin fondo.
Sin rubor se quedan,
pálidas, las torres.
Desde las orillas
las desesperadas
luces suicidas
al río se lanzan.
Cadáveres lentos
rosa, verde, azul
azul, verde, rosa
se los lleva el agua.

3

FE MÍA

No me fío de la rosa
de papel,
¡tantas veces que la hice
yo con mis manos!

Ni me fío de la otra
rosa verdadera,
hija del sol y sazón,
la prometida del viento.
De ti, que nunca te hice,
de ti, que nunca te hicieron,
de ti me fío, redondo
seguro azar.

(De *Seguro azar.*)

4

UNDERWOOD GIRLS [1]

Quietas, dormidas están,
las treinta redondas blancas.
Entre todas
sostienen el mundo.
Míralas aquí en su sueño,
como nubes,
redondas, blancas y dentro
destinos de trueno y rayo,
destinos de lluvia lenta,
de nieve, de viento, signos.
Despiértalas,
con contactos saltarines
de dedos rápidos, leves,
como a músicas antiguas.
Ellas suenan otra música:
fantasías de metal
valses duros, al dictado.
Que se alcen desde siglos
todas iguales, distintas
como las olas del mar
y una gran alma secreta.

---

[1] En inglés, «las muchachas Underwood», esto es, las teclas de una máquina de escribir. El uso de voces pertenecientes a una lengua extranjera es un rasgo estilístico no infrecuente en poesía, sobre todo en la moderna.

Que se crean que es la carta,
la fórmula como siempre.
Tú alócate
bien los dedos, y las
raptas y las lanzas,
a las treinta, eternas ninfas
contra el gran mundo vacío,
blanco en blanco.
Por fin a la hazaña pura,
sin palabras sin sentido,
ese, zeda, jota, i...

(De *Fábula y signo.*)

5

No.
Tengo que vivirlo dentro,
me lo tengo que soñar.
Quitar el color, el número,
el aliento todo fuego,
con que me quemó al decírmelo.
Convertir todo en acaso,
en azar puro, soñándolo.
Y así, cuando se desdiga
de lo que entonces me dijo,
no me morderá el dolor
de haber perdido una dicha
que yo tuve entre mis brazos,
igual que se tiene un cuerpo.
Creeré que fue soñado.
Que aquello, tan de verdad,
no tuvo cuerpo, ni nombre.
Que pierdo
una sombra, un sueño más.

6

Para vivir no quiero
islas, palacios, torres.
¡Qué alegría más alta:
vivir en los pronombres![2]

Quítate ya los trajes,
las señas, los retratos;
yo no te quiero así,
disfrazada de otra,
hija siempre de algo.
Te quiero pura, libre,
irreductible: tú.
Sé que cuando te llame
entre todas las gentes
del mundo,
sólo tú serás tú.

Y cuando me preguntes
quién es el que te llama,
el que te quiere suya,
enterraré los nombres,
los rótulos, la historia.
Iré rompiendo todo
lo que encima me echaron
desde antes de nacer.

Y vuelto ya al anónimo
eterno del desnudo,
de la piedra, del mundo,
te diré:
«Yo te quiero, soy yo.»

---

[2] Vivir, recíproca, amorosamente, en el *yo* y el *tú*.

7

¡Qué alegría, vivir
sintiéndose vivido!
Rendirse
a la gran certidumbre, oscuramente,
de que otro ser, fuera de mí, muy lejos,
me está viviendo.
Que cuando los espejos, los espías
—azogues, almas cortas—, aseguran
que estoy aquí, yo inmóvil,
con los ojos cerrados y los labios,
negándome al amor
de la luz, de la flor y de los hombres,
la verdad trasvisible es que camino
sin mis pasos, con otros,
allá lejos, y allí
estoy buscando flores, luces, hablo.
Que hay otro ser por el que miro el mundo
porque me está queriendo con sus ojos.
Que hay otra voz con la que digo cosas
no sospechadas por mi gran silencio;
y es que también me quiere con su voz.
La vida —¡qué transporte ya!—, ignorancia
de lo que son mis actos, que ella hace,
en que ella vive, doble, suya y mía.
Y cuando ella me hable
de un cielo oscuro, de un paisaje blanco,
recordaré
estrellas que no vi, que ella miraba,
y nieve que nevaba allá en su cielo.
Con la extraña delicia de acordarse
de haber tocado lo que no toqué
sino con esas manos que no alcanzo
a coger con las mías, tan distantes.
Y todo enajenado podrá el cuerpo
descansar, quieto, muerto ya. Morirse
en la alta confianza

de que este vivir mío no era sólo
mi vivir: era el nuestro. Y que me vive
otro ser por detrás de la no muerte.

(De *La voz a ti debida.*)

8

Mundo de lo prometido,
agua.
Todo es posible en el agua.

Apoyado en la baranda,
el mundo que está detrás
en el agua se me aclara,
y lo busco
en el agua, con los ojos,
con el alma, por el agua.
La montaña, cuerpo en rosa
desnuda, dura de siglos,
se me enternece en lo verde
líquido, rompe cadenas,
se escapa,
dejando atrás su esqueleto,
ella fluyente, en el agua.
Los troncos rectos del árbol
entregan
su rectitud, ya cansada,
a las curvas tentaciones
de su reflejo en las ondas.
Y a las ramas, en enero,
—rebrillos de sol y espuma—,
les nacen hojas de agua.
Porque en el alma del río
no hay inviernos:
de su fondo le florecen
cada mañana, a la orilla
tiernas primaveras blandas.
Los vastos fondos del tiempo,

de las distancias, se alisan
y se olvidan de su drama:
separar.
Todo se junta y se aplana.
El cielo más alto vive
confundido con la yerba,
como en el amor de Dios.
Y el que tiene amor remoto
mira en el agua, a su alcance,
imagen, voz, fabulosas
presencias de lo que ama.
Las órdenes terrenales
su filo embotan en ondas,
se olvidan de que nos mandan;
podemos, libres, querer
lo querido, por el agua.
Oscilan los imposibles,
tan trémulos como cañas
en la orilla, y a la rosa
y a la vida se le pierden
espinas que se clavaban.
De recta que va, de alegre,
el agua hacia su destino,
el terror de lo futuro
en su ejemplo se desarma:
si ella llega, llegaremos,
ella, nosotros, los dos,
al gran término del ansia.
Lo difícil en la tierra,
por la tierra,
triunfa gozoso en el agua.
Y mientras se están negando
—no constante, terrenal—
besos, auroras, mañanas,
aquí, sobre el suelo firme,
el río seguro canta
los imposibles posibles,
de onda en onda, las promesas
de las dichas desatadas.

Todo lo niega la tierra,
pero todo se me da
en el agua, por el agua.

(De *Razón de amor.*)

9

EL CONTEMPLADO

Tema

De mirarte tanto y tanto,
del horizonte a la arena,
despacio,
del caracol al celaje,
brillo a brillo, pasmo a pasmo,
te he dado nombre: los ojos
te lo encontraron, mirándote.
Por las noches,
soñando que te miraba,
al abrigo de los párpados
maduró, sin yo saberlo,
este nombre tan redondo
que hoy me descendió a los labios.
Y lo dicen asombrados
de lo tarde que lo dicen.
¡Si era fatal el llamártelo!
¡Si antes de la voz, ya estaba
en el silencio tan claro!
¡Si tú has sido para mí,
desde el día
que mis ojos te estrenaron,
el Contemplado, el constante
Contemplado!

(De *El Contemplado.*)

10

EL POEMA

Y ahora, aquí está frente a mí.
Tantas luchas que ha costado,
tantos afanes en vela,
tantos bordes de fracaso
junto a este esplendor sereno
ya son nada, se olvidaron.
Él queda, y en él, el mundo,
la rosa, la piedra, el pájaro,
aquéllos, los que al principio,
de este final asombrados.
¡Tan claros que se veían,
y aún se podía aclararlos!
Están mejor; una luz
que el sol no sabe, unos rayos
los iluminan, sin noche,
para siempre revelados.
Las claridades de ahora
lucen más que las de mayo.
Si allí estaban, ahora aquí;
a más transparencia alzados.
¡Qué naturales parecen,
qué sencillo el gran milagro!
En esta luz del poema,
todo,
desde el más nocturno beso
al cenital esplendor,
todo está mucho más claro.

(De *Todo más claro y otros poemas.*)

11

EL PÁJARO

¿El pájaro? ¿Los pájaros?
¿Hay sólo un solo pájaro en el mundo
que vuela con mil alas, y que canta
con incontables trinos, siempre solo?
¿Son tierra y cielo espejos? ¿Es el aire
 espejeo del aire, y el gran pájaro
único multiplica
su soledad en apariencias miles?
(¿Y por eso
le llamamos, los pájaros?)
¿O quizá no hay un pájaro?
¿Y son ellos,
fatal plural inmenso, como el mar,
bandada innúmera, oleaje de alas,
donde la vista busca y quiere el alma
distinguir la verdad del solo pájaro,
 de su esencia sin fin, del uno hermoso?

(De *Confianza.*)

Jorge Guillén

Valladolid, 1893. Cursó Filosofía y Letras en Madrid y Granada. Estancias en Suiza, Alemania e Italia. Lector de español en París —1917-23— y en Oxford —1929-31—. Catedrático en la Universidad de Murcia —1925-28— y en la de Sevilla hasta 1938, en que fijó su residencia en los Estados Unidos, siendo profesor en Wellesley College. Ha sido también profesor visitante en diversos centros universitarios norteamericanos, en Puerto Rico, en Méjico y en otros países de Hispanoamérica. En 1957-58 ocupó la cátedra de poesía Charles Eliot Norton de la Universidad de Harvard, donde dictó un curso sobre *Language and Poetry,* publicado asimismo en español: *Lenguaje y poesía.* Es autor de un estudio sobre *La poética de Bécquer,* ha editado el *Cantar de cantares* de Fray Luis de León y la correspondencia de García Lorca *(Federico en persona);* ha traducido a Valéry *(El cementerio marino),* Supervielle, Claudel, Cassou, etc.

Obras: *Cántico.* 1.ª edición, Madrid, Revista de Occidente, 1928. (Reimpresión facsímil hecha en París por el Centre de Recherches de l'Institut d'Études Hispaniques, 1962); 2.ª ed. aumentada, Madrid, Cruz y Raya, 1936. (Edición crítica de J. M. Blecua. Barcelona, Labor, 1970); 3.ª ed. aumentada: *Cántico. Fe de vida.* México, Litoral, 1945; 4.ª ed. completa, Buenos Aires, Sudamericana, 1950; *Ardor,* pliego suelto. París, M. Altolaguirre imp., 1931; *Paso a la aurora,* ed. de Herbert Steiner. Nueva York, Aurora, 1944; *Variaciones sobre temas de Jean Cassou.* México, Gráfica Panamericana, 1951; *La partida de baile.* México, edición privada, 1951; *Huerto de Melibea.* Madrid, Ínsula, 1954; *Luzbel desconcertado.* Milán, All'Insegna del Pesce d'Oro, 1956; *Del amanecer y el despertar.* Valladolid, ed. de Francisco del Pino, 1956; *Clamor. Maremágnum.* Buenos Aires, Sudamericana, 1957; *La Venus de Itálica.* Málaga, edic. de Rafael de León, 1957; *Lugar de Lázaro.* Málaga, Imprenta Dardo, 1957; *Viviendo y otros poemas.* Barcelona, Seix Barral, 1958; *El abanico de Solita.* Cambridge, Massachusetts, edición privada, 1960; *Historia natural.* Madrid-Palma de Mallorca, Papeles de Son Armadans, 1960; *Clamor... Que van a dar en la mar.* Buenos Aires, Sudamericana, 1960; *Anita.* Lima, edición de Javier Sologuren, 1961; *Flores.* Valladolid, 1961; *Según las horas.* Río Piedras, Edit. de la Universidad de Puerto Rico, 1962; *Las tentaciones de Antonio.* Santander, P. Beltrán de Heredia, ed., 1962; *Clamor. A la altura de las circunstancias.* Buenos Aires, Sudamericana, 1963; *Suite Italienne.* Milán, All'Insegna del Pesce d'Oro, 1964; *Tréboles.* Santander, La isla de los ratones, 1964; *Selección de poemas* (pról. del autor). Madrid, Gredos, 1965; *Relatos.* Málaga, Cuadernos de María José, 1966; *Homenaje. Reunión de vidas.* Milán, All'Insegna del Pesce d'Oro, 1968; *Aire nuestro (Cántico. Clamor. Homenaje).* Milán, All'Insegna del Pesce d'Oro, 1968; *Obra poética. Antología,* pról. de J. Casalduero. Madrid, Alianza Edit., 1970; *Antología,* ed. de J. M. Blecua. Salamanca, Anaya, 1970; *Guirnalda civil.* Cambridge, Mass., Halty Ferguson, 1970; *Al margen.* Madrid, Visor, 1972; *Y otros poemas.* Buenos Aires, Muchnik Edit., 1973; *Antología,* ed. de M. Mantero. Barcelona, Plaza-Janés, 1975.

Bibliografía

Libros

Frances Avery Pleak, *The Poetry of J.G.* Princeton, University Press, 1942.

Joaquín Casalduero, *J.G.: Cántico.* Santiago de Chile, Cruz del Sur, 1946. (2.ª ed. aumentada, Madrid, Victoriano Suárez, 1953; nueva ed. ampliada, con el título de *«Cántico» de J.G. y «Aire nuestro»*, Madrid, Gredos, 1974.)

Ricardo Gullón y Jose Manuel Blecua, *La poesía de J.G.* Zaragoza, Heraldo de Aragón, 1949.

John Brande Trend, *J.G.* Oxford, Dolphin Books, 1952.

Georg Rudolf Lind, *J.G.'s «Cántico»: Eine Motivstudie.* Frankfurt a.M., Analecta Romanica, 1955.

Pierre Darmangeat, *J.G. ou le Cantique emerveillé.* París, Librairie des Editions Espagnoles, 1958 (trad. esp. en *Antonio Machado. Pedro Salinas. Jorge Guillén.* Madrid, Ínsula, 1969, páginas 201-388).

Jaime Gil de Biedma, *Cántico: el mundo y la poesía de J.G.* Barcelona, Seix Barral, 1960.

Jorge Guillén, *El argumento de la obra.* Milán, All'Insegna del Pesce d'Oro, 1961 (2.ª ed. Barcelona, Ocnos, 1969). (Explicación del «Cántico» por el propio autor.)

Joaquín González Muela, *La realidad y J.G.* Madrid, Ínsula, 1962.

Claude Couffon, *Dos encuentros con J.G.* París, Centre de Recherches de l'Institut d'Études Iberiques, 1963.

Elsa Dehennin, *Cántico de J.G.* Bruselas, Presses Universitaires, 1969.

Varios, *Luminous Reality. The Poetry of J. G.*, edit. por Ivar Ivask y Juan Marichal. Norman, The University of Oklahoma Press, 1969.

Justina Ruiz de Conde, *El Cántico americano de J.G.* Madrid, Turner, 1973.

Andrew Debicki, *La poesía de J.G.* Madrid, Gredos, 1973.

Joaquín Caro Romero, *J.G.* Madrid, Epesa, 1973.

Biruté Ciplijauskaité, *Deber de plenitud: la poesía de J.G.* México, SepSetentas, 1973.

Ignacio Prat, *«Aire nuestro»* de *J.G.* Barcelona, Planeta, 1974.

Varios, *J.G.*, edit. por Biruté Ciplijauskité. Madrid, Taurus, 1975.

Artículos y estudios

José María Valverde, «Plenitud crítica de la poesía de J.G.», en *Estudios sobre la palabra poética,* Madrid, Rialp, 1952, páginas 161-86.

Amado Alonso, «J.G., poeta esencial», en *Materia y forma en poesía.* Madrid, Gredos, 1955, págs. 370-77.

Eugenio Frutos, «La 'realidad' en la poesía de J.G.» y «Ser y existencia: el existencialismo jubiloso de J.G.», en *Creación filosófica y creación poética.* Barcelona, Juan Flors ed., 1958, páginas 88-128.

Ernst Robert Curtius, «J.G.», en *Ensayos críticos acerca de la literatura europea,* vol. II. Barcelona, Seix Barral, 1959, páginas 283-92.

Claude Vigée, «J.G. et les poètes symbolistes français», en *Révolte et Louanges (Essais sur la poésie moderne).* París, Corti, 1962, págs. 137-97.

Francisco López Estrada, «Nuevas variaciones sobre el *Cántico* de J.G.», en *Archivo Hispalense,* 2.ª época, núm. 118, Sevilla, 1963.

ROBERT J. WEBER, «De *Cántico* a *Clamor*», en *Revista Hispánica Moderna,* XXIV, núm. 2, Nueva York, abril 1963, págs. 109-19.
OCTAVIO PAZ, «Horas situadas de J.G.», en *Puertas al campo.* México, Universidad Autónoma, 1966, págs. 75-85 (2.ª ed., Barcelona, Seix Barral, 1972).
JOSÉ ÁNGEL VALENTE, «*Cántico* o la excepción de la normalidad», en *Las palabras de la tribu.* Madrid, Siglo XXI, 1971, páginas 109-16.
VICENTE GAOS, «Tiempo y tiempos en Jorge Manrique y J.G.», en *Claves de literatura española,* vol. II. Madrid, Guadarrama, 1971, págs. 261-89.
ORESTE MACRÍ, «Studio su *Aire nuestro,* poema della salvezza», introducción a J.G.: *Opera poetica (Aire nuestro).* Florencia, Sansoni, 1972.
(Véanse también los libros mencionados en la «Bibliografía general» bajo los números 20, 21, 28, 34, 36, 37, 40, 47, 51, 52, 62, 65, 68, 71, 79 y 84.)

HOMENAJES

Insula, núm. 26. Madrid, febrero 1948.
Cuadernillo-Homenaje al poeta J.G. Murcia, Publicaciones de la Sociedad Económica de Amigos del País, 1956.
Le lingue straniere, XIV, núm. 3, mayo-junio 1965.
Books Abroad, XLII, núm. 1, invierno 1968.
El Urogallo, núm. 24. Madrid, noviembre-diciembre 1973.
Revista de Occidente, 2.ª época, núm. 130. Madrid, enero 1974.

1

MÁS ALLÁ

I

(El alma vuelve al cuerpo,
Se dirige a los ojos
Y choca) —¡Luz! Me invade
Todo mi ser. ¡Asombro!

Intacto aún, enorme,
Rodea el tiempo... Ruidos
Irrumpen. ¡Cómo saltan
Sobre los amarillos

Todavía no agudos
De un sol hecho ternura
De rayo alboreado
Para estancia difusa,

Mientras van presentándose
Todas las consistencias
Que al disponerse en cosas
Me limitan, me centran!

¿Hubo un caos? Muy lejos
De su origen, me brinda
Por entre hervor de luz
Frescura en chispas. ¡Día!

Una seguridad
Se extiende, cunde, manda.
El esplendor aploma
La insinuada mañana.

Y la mañana pesa,
Vibra sobre mis ojos,
Que volverán a ver
Lo extraordinario: todo.

Todo está concentrado
Por siglos de raíz
Dentro de este minuto,
Eterno y para mí.

Y sobre los instantes
Que pasan de continuo
Voy salvando el presente,
Eternidad en vilo.

Corre la sangre, corre
Con fatal avidez.
A ciegas acumulo
Destino: quiero ser.

Ser, nada más. Y basta.
Es la absoluta dicha.
¡Con la esencia en silencio
Tanto se identifica!

¡Al azar de las suertes
Únicas de un tropel
Surgir entre los siglos,
Alzarse con el ser,

Y a la fuerza fundirse
Con la sonoridad
Más tenaz: sí, sí, sí,
La palabra del mar!

Todo me comunica,
Vencedor, hecho mundo,
Su brío para ser
De veras real, en triunfo.

Soy, más, estoy. Respiro.
Lo profundo es el aire.
La realidad me inventa,
Soy su leyenda. ¡Salve!

2

BEATO[3] SILLÓN

¡Beato sillón! La casa
Corrobora su presencia
Con la vaga intermitencia
De su invocación en masa
A la memoria. No pasa
Nada. Los ojos no ven,
Saben. El mundo está bien
Hecho. El instante lo exalta
A marea, de tan alta,
De tan alta, sin vaivén.

3

AFIRMACIÓN

¡Afirmación, que es hambre: mi instinto siempre diestro!
La tierra me arrebata sin cesar este sí
Del pulso, que hacia el ser me inclina, zahorí.
No hay soledad. Hay luz entre todos. Soy vuestro.

---

[3] Del latín *beatus,* en el sentido etimológico de «feliz» o «dichoso», como en el famoso verso de Horacio, *Beatus ille qui procul negotiis,* traducido así por Fray Luis de León: «Dichoso el que de pleitos alejado»; o como en el título de la obra de Séneca *De Vita Beata:* «Sobre la felicidad.»

4

DESNUDO

Blancos, rosas... Azules casi en veta,
retraídos, mentales.
Puntos de luz latente dan señales
de una sombra secreta.
Pero el color, infiel a la penumbra,
se consolida en masa.
Yacente en el verano de la casa,
una forma se alumbra.
Claridad aguzada entre perfiles,
de tan puros tranquilos
que cortan y aniquilan con sus filos
las confusiones viles.
Desnuda está la carne. Su evidencia
se resuelve en reposo.
Monotonía justa: prodigioso
colmo de la presencia.
¡Plenitud inmediata, sin ambiente,
del cuerpo femenino!
Ningún primor: ni voz ni flor. ¿Destino?
¡Oh absoluto presente!

5

VIENTO SALTADO

¡Oh violencia de revelación en el viento
Profundo y amigo!
¡El día plenario profundamente se agolpa
Sin resquicios!

¡Y oigo una voz entre rumores de espesuras,
Oigo una voz
Que, de repente desligada, pide
Más, más creación!

¡Esa blancura de nieve salvada
Que es fresno,
La ligereza de un goce cantado,
Un avance en el viento!

¡En el viento, por entre el viento
Saltar, saltar,
Porque sí, porque sí, porque
Zas!

¡Arrancar, ascender... y un nivel
De equilibrio,
Que en apariciones de flor apunta y suspende
Su ímpetu!

¡Por el salto a un segundo
De cumbre,
Que la Tierra sostiene sobre irrupciones
De fustes!

¡Por el salto a una cumbre!
¡Mis pies
Sienten la Tierra en una ráfaga
De redondez!

¡Cuerpo en el viento y con cuerpo la gloria!
¡Soy
Del viento, soy a través de la tarde más viento,
Soy más que yo!

6

LAS DOCE EN EL RELOJ

Dije: ¡Todo ya pleno!
Un álamo vibró.
Las hojas plateadas
Sonaron con amor.
Los verdes eran grises,

El amor era sol.
Entonces, mediodía,
Un pájaro sumió
Su cantar en el viento
Con tal adoración
Que se sintió cantada
Bajo el viento la flor
Crecida entre las mieses,
Más altas. Era yo,
Centro en aquel instante
De tanto alrededor,
Quien lo veía todo
Completo para un dios.
Dije: Todo, completo.
¡Las doce en el reloj!

7

MESETA

¡Espacio! Se difunde
Sobre un nivel de cima.
Cima y planicie juntas
Se acrecen —¡luz!— y vibran.
¡Alta luz! ¡Altitud
De claridad activa!
Muchedumbre de trigos
En un rumor terminan,
Trigo aún y ya viento.
Silban en la alegría
Del viento las distancias.
Soplo total palpita.
Horizontes en círculo
Se abren. ¡Cuántas pistas
De claridad, tan altas
Sobre el nivel del día,
Zumban! ¡Oh vibración
Universal de cima,
Tránsito universal!
Cima y cielo desfilan.

8

EL CIELO QUE ES AZUL

ARDOR

Ardor. Cornetines suenan
Tercos, y en las sombras chispas
Estallan. Huele a un metal
Envolvente. Moles. Vibran
Extramuros despoblados
En torno a casas henchidas
De reclusión y de siesta.
En sí la luz se encarniza.
¿Para quién el sol? Se juntan
Los sueños de las avispas.
¿Quedará el ardor a solas
Con la tarde? Paz vacía:
Cielo abandonado al cielo,
Sin un testigo, sin línea.
Pero sobre un redondel
Cae de repente y se fija,
Redonda, compacta, muda,
La expectación. Ni respira.
¡Qué despejado lo azul,
Qué gravitación tranquila!
Y en el silencio se cierne
La unanimidad del día,
Que ante el toro estupefacto
Se reconcentra amarilla.
¡Ardor: reconcentración
De espíritus en sus dichas!
Bajo agosto van los seres
Profundizándose en minas.
¡Calientes minas del ser,
Calientes de ser! Se ahíncan,
Se obstinan profundamente
Masas en bloque. ¡Canícula

De bloques iluminados,
Plenarios, para más vida!
Todo en el ardor va a ser,
Amor, lo que más sería.
—¡Ser más, ser lo más y ahora,
Alzarme a la maravilla
Tan mía, que está aquí ya,
Que me rige! La luz guía.

9

ANILLO

III

¡Gozo de gozos, el alma en la piel,
Ante los dos el jardín inmortal,
El paraíso que es ella con él,
Óptimo el árbol sin sombra de mal!

Luz nada más. He ahí los amantes.
Una armonía de montes y ríos,
Amaneciendo en lejanos levantes,
Vuelve inocentes los dos albedríos.

¿Dónde estará la apariencia sabida?
¿Quién es quien surge? Salud, inmediato
Siempre, palpable misterio: presida
Forma tan clara a un candor de arrebato.

¿Es la hermosura quien tanto arrebata,
O en la terrible alegría se anega
Todo el impulso estival? (¡Oh beata[4]
Furia del mar, esa ola no es ciega!)

Aun retozando se afanan las bocas,
Inexorables a fuerza de ruego.
(Risas de junio, por entre unas rocas,
Turban el límpido azul con su juego.)

---

[4] Ver nota 3, pág. 79.

¿Yace en los brazos un ansia agresiva?
Calladamente resiste el acorde.
(¡Cuánto silencio de mar allá arriba!
Nunca hay fragor que el cantil no me asorde.)

Y se encarnizan los dos violentos
En la ternura que los encadena.
(El regocijo de los elementos
Torna y retorna a la última arena.)

Ya las rodillas, humildes aposta,
Saben de un sol que al espíritu asalta.
(El horizonte en alturas de costa
Llega a la sal de una brisa más alta.)

¡Felicidad! El alud de un favor
Corre hasta el pie, que retuerce su celo.
(Cruje el azul. Sinuoso calor
Va alabeando la curva del cielo.)

Gozo de ser: el amante se pasma.
¡Oh derrochado presente inaudito,
Oh realidad en raudal sin fantasma!
Todo es potencia de atónito grito.

Alrededor se consuma el verano.
Es un anillo la tarde amarilla.
Sin una nube desciende el cercano
Cielo a este ardor. ¡Sobrehumana, la arcilla!

(De *Cántico.*)

10

LOS INTRANQUILOS

Somos los hombres intranquilos[5]
En sociedad.
Ganamos, gozamos, volamos.
¡Qué malestar!

El mañana asoma entre nubes
De un cielo turbio
Con alas de arcángeles-átomos
Como un anuncio.

Estamos siempre a la merced
De una cruzada.
Por nuestras venas corre sed
De catarata[6].

Así vivimos sin saber
Si el aire es nuestro.
Quizá muramos en la calle,
Quizá en el lecho.

Somos entre tanto felices.
Seven o'clock[7].
Todo es bar y delicia oscura.
¡Televisión!

(De *Maremágnum.*)

---

[5] El comienzo de este poema recuerda el de *The Hollow Men* del poeta anglonorteamericano T. S. Eliot (n. 1888): *We are the hollow men...*: «Somos los hombres huecos...»

[6] En estos versos hay una reminiscencia de los de Rubén Darío en el «Poema del otoño»: «en nosotros corre la savia / del Universo... La sal del mar en nuestras venas / va a borbotones».

[7] En inglés, «las siete» (de la tarde). Ver nota 1, pág. 63.

11

EL DESCAMINADO

¡Si pudiese dormir! Aun me extravío
Por este insomnio que se me rebela.
No sé lo que detrás de la cancela
Me ocurre en mi interior aún más sombrío.

Denso, confuso y torpe, me desvío
De lo que el alma sobre todo anhela:
Mantener encendida esa candela
Propia sin cuya luz yo no soy mío.

¡«Descaminado enfermo»! Peregrina
Tras mi norma hacia un orden, tras mi polo
De virtud va esta voz. El mal me parte.

Quiero la luz humilde que ilumina
Cuerpo y alma en un ser, en uno solo.
Mi equilibrio ordinario es mi gran arte.

12

TRÉBOLES

«La muerte». Más tajante: «death» [8].
No es menos penoso que rime,
Si tarda en llegar, con «vejez».

Un año más, un año menos.
Tras poco día, noche vieja:
Tu filo, San Silvestre [9]. Henos
Con la amenaza que no ceja.

---

[8] En inglés, «muerte». *Death*. pronunciada *dez,* rima con «vejez». Ver nota 1, pág. 63.

[9] La festividad de San Silvestre se celebra el 31 de diciembre, al «filo», pues, de Año Nuevo.

He soñado cosas extrañas:
Escondiéndome su sentido
Me extraviaban por sus marañas.
¿Quién seré, quién soy, quién he sido?

Y se me escapa la vida
Ganando velocidad
Como piedra en su caída.

(De ... *Que van a dar en la mar.)* *

13

TRÉBOLES

LA NAUSÉE [10]

Sí, vomité, rechacé,
Mundo, lo que nos sobraba.
Pero te guardé mi fe.

14

ARS VIVENDI [11]

Presentes sucesiones de difuntos.

QUEVEDO

Pasa el tiempo y suspiro porque paso.
Aunque yo quede en mí, que sabe y cuenta,
Y no con el reloj, su marcha lenta
—Nunca es la mía— bajo el cielo raso.

* Alusión a los conocidos versos de las *Coplas* de Jorge Manrique: «Nuestras vidas son los ríos que van a dar en la mar, que es el morir...»

[10] En francés, «la náusea». *La Nausée* es el título de una novela del filósofo y escritor existencialista francés Jean-Paul Sartre (n. 1905).

[11] En latín, «Arte de vivir». Recuérdese el *Ars amandi* («Arte de amar»), de Ovidio.

Calculo, sé, suspiro —no soy caso
De excepción— y a esta altura, los setenta [12],
Mi afán del día no se desalienta,
A pesar de ser frágil lo que amaso.

Ay, Dios mío, me sé mortal de veras.
Pero mortalidad no es el instante
Que al fin me privará de mi corriente.

Estas horas no son las postrimeras,
Y mientras haya vida por delante,
Serán mis sucesiones de viviente.

15

LAS ÁNIMAS

Montones de supervivientes
Miran el mundo de los vivos,
Que con sus barcos y sus puentes
Intentan servirles de estribos.

Después de aflicción y trabajo,
—La vida más corta fue larga— [13]
Cayeron mucho más abajo.
Sólo errores son ya su carga.

Los muertos añoran la tierra
De los hombres nunca divinos,
Y sufren, sufren. ¿Se les cierra
La salida a humanos destinos?

Ese fuego no será eterno.
También el verdugo se cansa,
Y está sumiso a buen gobierno.
Eternidad con Dios es mansa.

---

[12] Los setenta años, edad real del poeta al componer este poema.

[13] Verso que contradice el famoso adagio latino *Ars longa, vita brevis:* «El arte es largo y la vida breve.»

Mientras, montones de difuntos
Tienden a los vivos las manos,
Las memorias. ¡Ah, todos juntos,
Y humanos, humanos, humanos!

(De *A la altura de las circunstancias.*) *

16

EL VENCEDOR

No más desgana displicente.
Que el maravilloso deseo
Te impulse por la gran pendiente
Donde triunfarás como Anteo [14].
No hay contacto que desaliente.

Alegría del sol hermana
¿Ya nunca se despertará?
¿Hoy no vale más que mañana?
¿Acá no puede más que allá?
Tú vences si el deseo gana.

(De *Homenaje.*)

17

Opina un civilizado.
¿Cómo? Con sus aviones.
¿O es la influencia del Hado?

---

* «Este título alude a una frase de Antonio Machado: Es más difícil estar a la altura de las circunstancias que au-dessus de la mêlée» (Jorge Guillén).

[14] Personaje mitológico griego, Anteo era un gigante y un gran luchador, invencible en tanto mantenía contacto con la Tierra, su madre. Si era derribado se levantaba del suelo con renovado vigor. Para poder matar a Anteo, Hércules tuvo que estrangularlo sosteniéndolo en el aire.

Opina un desconocido.
¿Cómo? Con una pistola.
¿Cae un hombre malherido?

Opina un color: el blanco.
¿Cómo? Con algunas balas.
¿El negro ha de ser el blanco?

Opina un gobierno fuerte.
¿Cómo? Con tanque en la calle.
Muerte, muerte, muerte, muerte.

(De *Y otros poemas.)*

Gerardo Diego

Santander, 1896. Estudió Filosofía y Letras en Deusto, en la Universidad de Salamanca y en la Central, donde hizo el doctorado. Catedrático de Instituto en Soria, Gijón, Santander y, finalmente, Madrid. Frecuentes estancias en Francia y viajes a Hispanoamérica y Filipinas. Excelente musicólogo —colaboró con Federico Sopeña y Joaquín Rodrigo en el libro *Diez años de música en España*—, desde 1937 ha venido dando conferencias-conciertos que él mismo ilustra tocando el piano. *Versos humanos* le valió, al alimón con Alberti, el Premio Nacional de Literatura, al que han seguido otras recompensas, entre ellas el importante Premio March. Desde 1948 es miembro de la Real Academia Española, donde ingresó pronunciando un discurso sobre *Una estrofa de Lope*. Fue fundador y director de la revista *Carmen*. Su *Antología poética. Contemporáneos* es ya clásica. También se le debe una *Antología poética en honor de Góngora,* sendos estudios sobre Enrique Menéndez, Fernández Moreno, Concha Espina y Manuel Machado, una serie de versiones de poetas recogidas bajo el título de *Tántalo* y la pieza teatral *El cerezo y la palmera* (retablo escénico en forma de tríptico).

Obras: *El romancero de la novia.* Madrid, 1920 (nueva edición, con *Iniciales,* Madrid, Edit. Hispánica, 1944); *Imagen.* Madrid, Ambos Mundos, 1922; *Soria.* Valladolid, edición «para amigos» de J. M.ª de Cossío, 1923 (nueva edición aumentada, Santander, Antonio Zúñiga, 1948); *Manual de espumas.* Madrid, Calpe, 1924; *Versos humanos.* Madrid, Renacimiento, 1925; *Viacrucis.* Santander, León Sánchez Cuesta, 1931 (nueva edición aumentada, Madrid, Ágora, 1956); *Fábula de Equis y Zeda.* México, Alcancía, 1932; *Poemas adrede.* México, Alcancía, 1932

(1.ª ed. completa con *Fábula de Equis y Zeda.* Madrid, Col. Adonais, Hispánica, 1943); *Ángeles de Compostela.* Barcelona-Madrid, Patria, 1940 (nueva versión completa, Madrid, Giner, 1961); *Romances.* Barcelona-Madrid, Patria, 1941; *Primera antología de sus versos.* Madrid, Col. Austral, Espasa-Calpe, 1941 (6.ª ed. 1967); *Alondra de verdad.* Madrid, Escorial, 1941; *La sorpresa.* Madrid, CSIC, 1944; *La luna en el desierto y otros poemas.* Santander, Impr. Viuda de Fons, 1948; *Hasta siempre.* Madrid, Mensajes, 1948; *Limbo.* Las Palmas de Gran Canaria, El Arca, 1951; *Biografía incompleta.* Madrid, Instituto de Cultura Hispánica, 1953 (2.ª ed. aumentada, 1967); *Variación.* Madrid, Col. Neblí, 1954; *Amazona.* Madrid, Ágora, 1955; *Paisaje con figuras.* Madrid-Palma de Mallorca, Papeles de Son Armadans, 1956; *Égloga de Antonio Bienvenida.* Santander, Ateneo, 1956; *Antología. Primer cuaderno 1918-1940.* Salamanca, Anaya, 1958 (2.ª ed. 1970); *Amor solo.* Madrid, Espasa-Calpe, 1958; *Evasión,* 2 vols. Caracas, Lírica Hispánica, 1958; *Canciones a Violante.* Madrid, Punta Europa, 1959; *Glosa a Villamediana.* Madrid, Taurus, 1961; *La rama.* Santander, La isla de los ratones, 1961; *Mi Santander, mi cuna, mi palabra.* Santander, Diputación Provincial, 1961; *Sonetos a Violante.* Sevilla, La Muestra, 1962; *Nocturnos de Chopin* (con *Alondra de verdad* y *La luna en el desierto).* Madrid, Bullón, 1963; *La suerte o la muerte.* Madrid, Taurus, 1963; *El Jándalo.* Madrid, Taurus, 1964; *Poesía amorosa. Antología.* Barcelona, Plaza-Janés, 1965 (3.ª ed. 1974); *El Cordobés dilucidado y Vuelta del peregrino.* Madrid, Revista de Occidente, 1966; *Odas morales.* Málaga, Cuadernos de María José, 1966; *Variación 2.* Santander, Clásicos de todos los años, 1966; *Preludio, aria y coda a Gabriel Fauré.* Santander, Alimara, 1967; *Segunda antología de sus versos.* Madrid, Col. Austral, Espasa-Calpe, 1967; *Antología poética.* Madrid, Direc. Gral. de Enseñanza Media, 1969; *Versos escogidos.* Madrid, Gredos, 1970; *La fundación del querer.* Santander, La isla de los ratones, 1970; *Versos divinos.* Madrid, Alforjas para la poesía, 1971; *Cementerio civil.* Barcelona, Plaza-Janés, 1972; *Poesía de creación.* Barcelona, Seix Barral, 1974 (incluye *Imagen, Limbo, Manual de espumas, Fábula de Equis y Zeda, Poemas adrede, Biografía incompleta* y *Biografía continuada).*

Bibliografía

Libros

Miledda C. D'Arrigo, *G.D., il poeta di «Versos humanos».* Turín, Giattichelli, 1955.

Antonio Gallego Morell, *Vida y poesía de G.D.* Barcelona, Aedos, 1956.

José G. Manrique de Lara, *G.D.* Madrid, Epesa, 1970.

Artículos y estudios

José María de Cossío, «La poesía de G.D.», en *Escorial,* V, 1941, págs. 440-51.

Eugenio de Mora, «La obra de G.D. a través de su primera *Antología*», en *Cuadernos Hispanoamericanos,* núm. 4, Madrid, 1948, págs. 135-49.

Ricardo Gullón, «Aspectos de G.D.», en *Insula,* núms. 136-137, Madrid, 1958, págs. 1, 4.

Hannelore Dittmeyer, «G.D.: Dichtung und Welthaltung. *Manual de espumas* als Ausdruck einer Dichterpersönlichkeit», en *Romanistisches Jahrbuch,* IX (1959), págs. 331-53.

Hugo Montes, «Vicente Huidobro y G.D.», en *Poesía actual de Chile y España,* Barcelona, Sayma, 1963, págs. 125-43.

Eugenio Hernández Vista, «G.D.: El ciprés de Silos», en *Prohemio,* I, núm. 1, Barcelona, 1970, págs. 19-46.

(Véanse también los libros mencionados en la «Bibliografía general» bajo los números 6, 9, 21, 28, 36, 40, 51, 62, 68 y 79.)

Homenajes

Verbo, núms. 19-20. Alicante, octubre-diciembre 1950.

Cuadernos de Ágora, núms. 37-38. Madrid, noviembre-diciembre 1959.

Punta Europa, núms. 112-113. Madrid, agosto-septiembre 1966.

Peña Labra, núm. 4. Santander, verano 1972.

1

GUITARRA

HABRÁ un silencio verde
todo hecho de guitarras destrenzadas

La guitarra es un pozo
con viento en vez de agua

(De *Imagen.*)

2

EL CIPRÉS DE SILOS [15]

Enhiesto surtidor de sombra y sueño
que acongojas el cielo con tu lanza.
Chorro que a las estrellas casi alcanza
devanado a sí mismo en loco empeño.

Mástil de soledad, prodigio isleño;
flecha de fe, saeta de esperanza.
Hoy llegó a ti, riberas del Arlanza [16],
peregrina al azar, mi alma sin dueño.

---

[15] Pueblo burgalés en que está enclavado el monasterio benedictino de Santo Domingo, cuyo claustro, donde se alza un ciprés, se considera como una obra maestra del estilo románico.

[16] Afluente del Arlanzón, pasa al norte de Santo Domingo de Silos.

Cuando te vi, señero, dulce, firme,
qué ansiedades sentí de diluirme
y ascender como tú, vuelto en cristales,

como tú, negra torre de arduos filos,
ejemplo de delirios verticales,
mudo ciprés en el fervor de Silos.

(De *Versos humanos.*)

3

NOCTURNO

ESTÁN todas

También las que se encienden en las noches de moda

Nace del cielo tanto humo
que ha oxidado mis ojos

Son sensibles al tacto las estrellas
No sé escribir a máquina sin ellas

Ellas lo saben todo
Graduar el mar febril
y refrescar mi sangre con su nieve infantil

La noche ha abierto el piano
y yo las digo adiós con la mano

(De *Manual de espumas.*)

4

PENÚLTIMA ESTACIÓN

HE aquí helados, cristalinos,
sobre el virginal regazo,
muertos ya para el abrazo,
aquellos miembros divinos.
Huyeron los asesinos.
Qué soledad sin colores.
Oh, Madre mía, no llores.
Cómo lloraba María.
La llaman desde aquel día
la Virgen de los Dolores.

¿Quién fue el escultor que pudo
dar morbidez al marfil?
¿Quién apuró su buril
en el prodigio desnudo?
Yo, Madre mía, fui el rudo
artífice, fui el profano
que modelé con mi mano
ese triunfo de la muerte
sobre el cual tu piedad vierte
cálidas perlas en vano.

(De *Viacrucis*.)

5

ROMANCE DEL DUERO

RÍO Duero, río Duero
nadie a acompararte baja,
nadie se detiene a oír
tu eterna estrofa de agua.

Indiferente o cobarde,
la ciudad vuelve la espalda.

No quiere ver en tu espejo
su muralla desdentada [17].

Tú, viejo Duero, sonríes
entre tus barbas de plata,
moliendo con tus romances
las cosechas mal logradas.

Y entre los santos de piedra [18]
y los álamos de magia
pasas llevando en tus ondas
palabras de amor, palabras.

Quién pudiera como tú,
a la vez quieto y en marcha,
cantar siempre el mismo verso,
pero con distinta agua.

Río Duero, río Duero,
nadie a estar contigo baja,
ya nadie quiere atender
tu eterna estrofa olvidada,

sino los enamorados
que preguntan por sus almas
y siembran en tus espumas
palabras de amor, palabras.

(De *Soria.*)

---

[17] *La ciudad* es Soria, bordeada por el Duero.
[18] San Saturio —patrón de Soria— en su ermita, San Polo, en los Templarios, orillas del Duero, y otro San Saturio, el de la estatua del Mirón, en la margen opuesta del río.

6

VALLE VALLEJO [19]

ALBERT Samain [20] diría Vallejo dice
Gerardo Diego [21] enmudecido dirá mañana
y por una sola vez Piedra de estupor
y madera dulce de establo querido amigo
hermano en la persecución gemela de los
sombreros desprendidos por la velocidad de los astros

Piedra de estupor y madera noble de establo
constituyen tu temeraria materia prima
anterior a los decretos del péndulo y a la
creación secular de las golondrinas
Naciste en un cementerio de palabras
una noche en que los esqueletos de todos los verbos
[intransitivos
proclamaban la huelga del te quiero para siempre siem-
[pre siempre
una noche en que la luna lloraba y reía y lloraba
y volvía a reír y a llorar
jugándose a sí misma a cara o cruz
Y salió cara y tú viviste entre nosotros

Desde aquella noche muchas palabras apenas nacidas fa-
[llecieron repentinamente
tales como Caricia Quizás Categoría Cuñado Cataclismo
Y otras nunca jamás oídas se alumbraron sobre la tierra
así como Madre Mira Moribundo Melquisedec [22] Milagro
y todas las terminadas en un rabo inocente
Vallejo tú vives rodeado de pájaros a gatas

---

[19] César Vallejo, poeta peruano (1892-1938).
[20] Poeta simbolista francés (1859-1900).
[21] La autocita es un rasgo estilístico frecuente en poesía, sobre todo en la moderna.
[22] Rey de Salem y sacerdote del Altísimo, que bendijo a Abraham y de quien se habla en el *Génesis,* los *Salmos* y la *Epístola a los Hebreos,* de San Pablo.

en un mundo que está muerto requetemuerto y podrido
Vives tú con tus palabras muertas y vivas
Y gracias a que tú vives nosotros desahuciados acerta-
[mos a levantar los párpados
para ver el mundo tu mundo con la mula y
el hombre guillermosecundario[23] y la tiernísima niña y
los cuchillos que duelen en el paladar
Porque el mundo existe y tú existes y nosotros proba-
terminaremos por existir [blemente
si tú te empeñas y cantas y voceas
en tu valiente valle Vallejo

(De *Biografía incompleta.*)

7

GIRALDA

GIRALDA en prisma puro de Sevilla,
nivelada del plomo y de la estrella,
molde en engaste azul, torre sin mella,
palma de arquitectura sin semilla[24].

Si su espejo la brisa enfrente brilla,
no te contemples —ay, Narcisa—[25] en ella,
que no se mude esa tu piel doncella,
toda naranja al sol que se te humilla.

Al contraluz de luna limonera,
tu arista es el bisel, hoja barbera
que su más bella vertical depura.

---

[23] Alusión, entre otras, al libro de César Vallejo, *Trilce*.

[24] La comparación de la Giralda con una «palma» contrasta con la de «El ciprés de Silos» (pág. 97), visto —en el primer verso del segundo terceto— como una «torre».

[25] Femenino neológico de Narciso, el hermoso joven de la mitología griega que rechazó todo amor —aun el de la ninfa Eco—, enamorándose de su propia imagen al verla reflejada un día en un estanque, y muriendo en la contemplación de sí mismo.

Resbala el tacto su caricia vana.
Yo mudéjar[26] te quiero y no cristiana.
Volumen nada más: base y altura.

8

CUMBRE DE URBIÓN[27]

ES la cumbre, por fin, la última cumbre.
Y mis ojos en torno hacen la ronda
y cantan el perfil, a la redonda,
de media España y su fanal de lumbre.

Leve es la tierra. Toda pesadumbre
se desvanece en cenital rotonda.
Y al beso y tacto de infinita onda
duermen sierras y valles su costumbre.

Geología yacente, sin más huellas
que una nostalgia trémula de aquellas
palmas de Dios palpando su relieve.

Pero algo, Urbión, no duerme en tu nevero,
que entre pañales de tu virgen nieve
sin cesar nace y llora el niño Duero.

---

[26] Mahometano que, sin cambiar de religión, era vasallo de los reyes cristianos, durante la Reconquista. Estilo mudéjar es el que combina elementos del arte cristiano con ornamentación árabe. El cuerpo de la Giralda, torre de la catedral de Sevilla, es árabe, y el remate, terminado en 1568, cristiano.

[27] En los Picos de Urbión, 2.252 metros sobre el nivel del mar, en la meseta soriana, tiene el Duero su nacimiento.

9

SUCESIVA

DÉJAME acariciarte lentamente,
déjame lentamente comprobarte,
ver que eres de verdad, un continuarte
de ti misma a ti misma extensamente.

Onda tras onda irradian tu frente
y, mansamente, apenas sin rizarte,
rompen sus diez espumas al besarte
de tus pies en la playa adolescente.

Así te quiero, fluida y sucesiva,
manantial tú de ti, agua furtiva,
música para el tacto perezosa.

Así te quiero, en límites pequeños,
aquí y allá, fragmentos, lirio, rosa,
y tu unidad después, luz de mis sueños.

(De *Alondra de verdad.*)

10

AQUELLA NOCHE

(I, XI, 1929)

Aquella noche de mi amor en vela
grité con voz de arista dura y fría:
—«Creced, mellizos lirios de osadía,
creced, pujad, torres de Compostela» [28]

[28] Las comillas se deben a que estos dos versos proceden de un soneto de *Alondra de verdad.*

Todos los Santos, sí. Ni una candela
faltó a la cita unánime. Y se oía,
junto a Gelmírez[29], por la Platería[30],
el liso resbalar de un vuelo a vela,

la ronda de los Ángeles. Yo, oculto,
entre las sombras de los soportales
difuminaba mi insoluble bulto

para medir, grabar moles y estrellas,
pautar cantigas —¿Mártires, Doncellas?—
y el santo y seña de las catedrales.

(De *Ángeles de Compostela*)

11

TORERILLO EN TRIANA

Torerillo en Triana
frente a Sevilla.
Cántale a la Sultana
tu seguidilla.

Sultana de mis penas
y mi esperanza.
Plaza de las arenas
de la Maestranza.

Arenas amarillas,
palcos de oro.

---

[29] Palacio de Diego Gelmírez, prelado español (1440) célebre por sus contiendas con doña Urraca de Castilla y por haber sido el primer organizador del poder naval de España en el océano. Atrajo hacia el sepulcro del apóstol Santiago la atención del mundo cristiano y contribuyó a acelerar la Reconquista. Junto al señorío de la tierra de Santiago se le asignó el cargo de gobernador general de Galicia.

[30] Platerías, puerta del lado de la epístola en la catedral de Santiago.

Quién viera a las mulillas
llevarme el toro.

Relumbrar de faroles
por mí encendidos.
Y un estallido de oles
en los tendidos.

Arenal de Sevilla,
Torre del Oro.
Azulejo a la orilla
del río moro[31].

Azulejo bermejo,
sol de la tarde.
No mientas, azulejo,
que soy cobarde.

Guadalquivir tan verde
de aceite antiguo.
Si el barquero me pierde
yo me santiguo.

La puente no la paso,
no la atravieso.
Envuelto en oro y raso
no se hace eso.

Ay, río de Triana,
muerto entre luces,
no embarca la chalana[32]
los andaluces.

Ay, río de Sevilla,
quién te cruzase
sin que mi zapatilla
se me mojase.

---

[31] La Torre del Oro fue construida por los almohades hacia 1220, sobre la orilla izquierda del Guadalquivir.

[32] Embarcación menor para transportes en parajes de poco fondo.

Zapatilla escotada
para el estribo.
Media rosa estirada
y alamar vivo.

Tabaco y oro. Faja
salmón. Montera.
Tirilla verde baja
por la chorrera.

Capote de paseo.
Seda amarilla.
Prieta para el toreo
la taleguilla.

La verónica cruje.
Suenan caireles.
Que nadie la dibuje.
Fuera pinceles.

Banderillas al quiebro.
Cose el miura
el arco que le enhebro
con la cintura.

Torneados en rueda
tres naturales.
Y una hélice de seda
con arrabales.

Me perfilo. La espada.
Los dedos mojo.
Abanico y mirada.
Clavel y antojo.

En hombros por tu orilla,
Torre del Oro.
En tu azulejo brilla
sangre de toro.

Si salgo en la Maestranza,
te bordo un manto,
Virgen de la Esperanza[33],
de Viernes Santo.

Adiós, torero nuevo,
Triana y Sevilla,
que a Sanlúcar[34] me llevo
tu seguidilla.

(De *La suerte o la muerte.*)

12

CANCIÓN AL NIÑO JESÚS

Si la palmera pudiera
volverse tan niña, niña,
como cuando era una niña
con cintura de pulsera.
Para que el Niño la viera...

Si la palmera tuviera
las patas del borriquillo,
las alas de Gabrielillo[35].
Para cuando el Niño quiera,
correr, volar a su vera...

Si la palmera supiera
que sus palmas algún día...
Si la palmera supiera
por qué la Virgen María
la mira... Si ella tuviera...

---

[33] La Virgen de la Esperanza, o Macarena, es la patrona de Sevilla.

[34] Sanlúcar de Barrameda, pueblo de la provincia de Cádiz, en la desembocadura del Guadalquivir.

[35] El arcángel San Gabriel, que anunció a María el nacimiento de Jesús.

Si la palmera pudiera...

... la palmera...

(De *Versos divinos.*)

13

TUYA

Ya sólo existe una palabra: tuya.
Ángeles por el mar la están salvando
cuando ya se iba a hundir, la están alzando,
calentando en sus alas, ¡aleluya!

La criaturas cantan: —Aunque huya,
aunque se esconda a ciegas sollozando
es tuya, tuya, tuya. Aunque nevando
se borre, aunque en el agua se diluya.

«Tuya», cantan los pájaros, los peces
mudos lo escriben con sus colas de oro:
te, u, y griega, a, sí, tuya, tuya.

Cantádmela otra vez y tantas veces,
a ver si a fuerza de cantar a coro
—¿Tú? ¿Ya? ¿De veras?— Sí. Yo. Tuya. Tuya.

(De *Amor solo.*)

14

LA TROMPA

Bailarina en la mina de una punta
sobre el polvo o la palma,
libras al sol el vértigo del alma
que por su Dios pregunta.

El verdugo te ciñe tu cilicio
atando al cuello el nudo,
pero, al dejar tu ámbito desnudo,
amar es ya tu oficio [36].

Amar en puro éxtasis quietista,
cuerpo místico en trance,
amar con toda el alma y sin balance
y edificar mi vista.

Cuántos segundos infinitos dura
el zumbar de una trompa.
Oh, América del Sur, nadie te rompa.
Te alza mi mano pura.

Tan rápida es tu gloria sin raíces,
tan simultánea y fija,
que no se ve tu piel de áspera lija
y horribles cicatrices.

Sólo una vida, un alma, un cuerpo, un voto,
que en el aire te ofreces.
Mas si la mano inclino ya, te meces
como una flor de loto.

Cuando por fin desmayas y amplificas
tus últimas mudanzas,
quién sabrá descifrar las esperanzas
que en mi palma rubricas.

(De *Mi Santander, mi cuna, mi palabra.*)

---

[36] Reminiscencia del verso del *Cántico espiritual* de San Juan de la Cruz: «Que ya sólo en amar es mi ejercicio.»

15

EN MITAD DE UN VERSO

Murió en mitad de un verso,
cantándole, floreciéndole,
y quedó el verso abierto, disponible
para la eternidad,
mecido por la brisa,
la brisa que jamás concluye,
verso sin terminar, poeta eterno.

Quién se muriera así
al aire de una sílaba.

Y al conocer esa muerte de poeta,
recordé otra de mis oraciones.
«Quiero vivir, morir, siempre cantando
y no quiero saber por qué ni cuándo.» [36 bis]
Sí, en el seno del verso,
que le concluya y me concluya Dios.

(De *Cementerio civil.)*

[36 bis] Versos pertenecientes al soneto «El ciprés de Silos (Ausente)», recogido en su libro *Alondra de verdad*.

Federico García Lorca

Fuentevaqueros (Granada),* 1898-Granada, 1936. Estudió Filosofía y Letras y se licenció en Derecho por la Universidad granadina. Desde 1919 residió habitualmente en Madrid. En 1929-30 estuvo en Estados Unidos, Canadá y Cuba. Al año siguiente fundó el teatro universitario *La Barraca,* del que fue director con Eduardo Ugarte, y para el que adaptó *Fuenteovejuna* y *La dama boba,* de Lope de Vega; *El burlador de Sevilla,* de Tirso, y el auto sacramental *La vida es sueño,* de Calderón. En 1933-34 hizo un viaje a Argentina y Uruguay. Conocía también Francia e Inglaterra.

Su primera obra fue el libro en prosa *Impresiones y paisajes* (1918). Su iniciación en el teatro data de *El maleficio de la mariposa* (1920), pero su primer éxito como dramaturgo lo consiguió en 1927 con *Marina Pineda,* a la que siguieron *La zapatera prodigiosa, Bodas de sangre, Yerma, Doña Rosita la soltera* y *La casa de Bernarda Alba,* por citar sólo sus piezas mayores. En casi todas ellas hay —como en las comedias de Lope— pasajes líricos de antología. Aficionado a la pintura, dibujaba con gracia, y fue un gran recreador de canciones populares.

De todos los poetas españoles contemporáneos es el que ha logrado más difusión en el extranjero, donde sus obras han sido traducidas a diversas lenguas y ampliamente estudiadas.

Obras: *Libro de poemas.* Madrid, León Sánchez Cuesta, 1921; *Canciones.* Málaga, Litoral, 1927 (2.ª ed., Madrid, Revista de Occidente, 1929); *Primer romancero gitano.* Madrid, Revista de Occidente, 1928; *Poema del cante jondo.* Madrid, Ulises, 1931; *Oda a Walt Whitman.* México, Alcancía, 1933; *Llanto por Ignacio Sánchez Mejías.* Madrid, Cruz y Raya, 1935; *Seis poemas galegos,* prólogo de Eduardo Blanco Amor. Santiago de Compostela, Nos, 1935; *Primeras canciones.* Madrid, Héroe, 1936; *Poeta en Nueva York.* México, Séneca, 1940; *El diván del Tamarit,* en «Revista Hispánica Moderna», VII, núms. 3-4, Nueva York, 1940; *Obras completas,* ed. de Guillermo de Torre. Buenos Aires, Losada, 1938-43 (8 vols. Incluye, junto a sus obras teatrales, *Libro de poemas, Primeras canciones, Canciones, Seis poemas galegos, Romancero gitano, Poema del cante jondo, Llanto por Ignacio Sánchez Mejías, Diván del Tamarit, Odas, Poemas póstumos* y *Poeta en Nueva York); Antología poética (1918-1936),* ed. de Rafael Alberti y Guillermo de Torre. Buenos Aires, Pleamar, 1943; *Crucifixión.* Las Palmas de Gran Canaria, Planas de Poesía, 1950; *Obras completas,* ed. de Arturo del Hoyo, prólogo de Jorge Guillén, epíl. de Vicente Aleixandre. Madrid, Aguilar, 1954 (19.ª ed., en dos vols., ibíd., 1974).

BIBLIOGRAFÍA

LIBROS

ARTURO BERENGUER CARISOMO, *Las máscaras de F.G.L.* Buenos Aires, Ruiz Hermanos, 1941 (2.ª ed., Buenos Aires, Eudeba, 1969).

ALFREDO DE LA GUARDIA, *G.L., persona y creación.* Buenos Aires, Schapire, 1941; 4.ª ed., 1961.

EDWJN HONIG, *G.L.* Nueva York, New Directions, 1944 (traducción esp., Barcelona, Laia, 1974).

LOUIS PARROT, *F.G.L.* París, Seghers, 1947.

GUILLERMO DÍAZ-PLAJA, *F.G.L.* Buenos Aires, Kraft, 1949; 4.ª ed., Madrid, Col. Austral, Espasa-Calpe, 1968.

JEAN-LOUIS FLECNIAKOSKA, *L'univers poétique de F.G.L.* Burdeos, Bière, 1952.

ÁNGEL DEL RÍO, *Vida y obras de F.G.L.* Zaragoza, Estudios Literarios, 1952.

MARÍA TERESA BABÍN, *El mundo poético de F.G.L.* San Juan de Puerto Rico, Biblioteca de autores puertorriqueños, 1954.

JAROSLAW M. FLYS, *El lenguaje poético de F.G.L.* Madrid, Gredos, 1955.

JOHN B. TREND, *Lorca and the Spanish Poetic Tradition.* Oxford, Blackwell, 1956.

JEAN-LOUIS SCHONBERG, *F.G.L.: l'homme, l'œuvre.* París, Plon, 1956 (trad. esp., México, Cía. General de Ediciones, 1959).

ARTURO BAREA, *Lorca, el poeta y su pueblo.* Buenos Aires, Losada, 1956.

CARLOS MORLA LYNCH, *En España con F.G.L.* Madrid, Aguilar, 1957.
GUSTAVO CORREA, *La poesía mítica de F.G.L.* Oregon, University Press, 1957; 2.ª ed., Madrid, Gredos, 1970.
FERNANDO VÁZQUEZ OCAÑA, *G.L. Vida, cántico y muerte.* México, Grijalbo, 1957.
CHRISTOPH EICH, *F.G.L., poeta de la intensidad.* Madrid, Gredos, 1958; 2.ª ed., 1968.
ÁNGEL DEL RÍO, *Poeta en Nueva York.* Madrid, Taurus, 1958.
JOSÉ MORA GUARNIDO, *F.G.L. y su mundo.* Buenos Aires, Losada, 1958.
ROY CAMPBELL, *Lorca, An Appreciation of His Poetry.* New Haven, Yale University Press, 1959.
JORGE GUILLÉN, *Federico en persona. (Semblanza y epistolario.)* Buenos Aires, Emecé, 1959.
ANDRÉ BELAMICH, *Lorca.* París, Gallimard, 1962.
C. MARCILLY, *Ronde et fable de la solitude à New York.* París, Éditions Hispano-Américaines, 1962.
JOSÉ LUIS CANO, *F.G.L. Biografía ilustrada.* Barcelona, Destino, 1962.
VARIOS, *Lorca. A Collection of Critical Essays,* ed. por Manuel Durán Englewood Cliffs, New Jersey, Prentice Hall, 1962.
CLAUDE COUFFON, *À Grenade, sur les pas de G.L.* París, Seghers, 1962 (trad. esp., *Granada y G.L.* Buenos Aires, Losada, 1967).
GÜNTER LORENZ, *F.G.L.* Hamburgo, Rowohlt, 1963.
JEAN-LOUIS SCHONBERG, *À la recherche de Lorca.* Neuchâtel, La Baconnière, 1966.
CARL W. COBB, *F.G.L.* Nueva York, Twayne, 1967.
EGON HUBER, *G.L. Weltbild und metaphorische Darstellung.* Munich, Fink, 1967.
MARIE LAFFRANQUE, *Les idées esthétiques de F.G.L.* París, Institut d'Études Hispaniques, 1967.
CARLOS RAMOS-GIL, *Claves líricas de G.L.* Madrid, Aguilar, 1967.
MARCELLE AUCLAIR, *Enfance et mort de G.L.* París, Ed. du Seuil, 1968.
FRANCISCO UMBRAL, *Lorca, poeta maldito.* Madrid, Biblioteca Nueva, 1968.
IAN GIBSON, *La represión nacionalista de Granada y la muerte de F. G. L.* París, Ruedo Ibérico, 1971.
RUPERT C. ALLEN, *The Symbolic World of F.G.L.* Alburquerque, University of New Mexico Press, 1972.
CARLOS FEAL DEIBE, *Eros y Lorca.* Barcelona, Edhasa, 1973.
VARIOS, *F. G. L.,* ed. de Ildefonso-Manuel Gil. Madrid, Taurus, 1973.

ANTONIO LARA POZUELO, *El adjetivo en la lírica de F. G. L.* Barcelona, Ariel, 1973.
JOSÉ MONLEÓN, *G. L.: Vida y obra de un poeta.* Barcelona, Aymá, 1974.

ARTÍCULOS Y ESTUDIOS

GUILLERMO DE TORRE, «F. G. L.», en *Tríptico del sacrificio.* Buenos Aires, Losada, 1948, págs. 55-85.
C. MARCILLY, «Notes pour l'étude de la pensée religieuse de F.G.L.», en *Mélanges à Marcel Bataillon,* Burdeos, 1962, páginas 507-26.
REYES CARBONELL, «Musicalidad plástica en la poesía de F.G.L.» y «Contribución al estudio estilístico del "Llanto" de F.G.L.», en *Espíritu de llama. Estudios sobre poesía hispánica contemporánea.* Pittsburgh, Duquesne University Press, 1962.
A. ÁLVAREZ DE MIRANDA, *La metáfora y el mito.* Madrid, Taurus, 1963.
MARIE LAFFRANQUE, «Pour l'étude de F.G.L. Bases chronologiques», en *Bulletin Hispanique,* LXV, Burdeos, 1963, páginas 333-77.
T. HOWARD YOUNG, «F.G.L. The Magic of Reality», en *The Victorious Expression: A Study of Four Contemporary Spanish Poets.* Madison, University of Wisconsin Press, 1964, páginas 137-216.
JOSÉ HIERRO, «El primer Lorca», en *Cuadernos Hispanoamericanos,* núms. 224-25. Madrid, 1968, págs. 437-62.
TOMÁS NAVARRO TOMÁS, «La intuición rítmica en F.G.L.», en *Revista Hispánica Moderna,* XXXIV, 1968, págs. 363-75 (recogido en *Los poetas en sus versos. Desde Jorge Manrique a G.L.* Barcelona, Ariel, 1973, págs. 355-78).
(Véanse también los libros mencionados en la «Bibliografía general» bajo los números 12, 21, 25, 34, 36, 37, 40, 41, 51, 62, 65, 71, 74, 75, 79 y 82.)

HOMENAJES

Homenaje al poeta F.G.L. Valencia-Barcelona, Ediciones españolas, 1937.
Asomante, XVIII, núm. 1. San Juan de Puerto Rico, 1962.

1

CANCIÓN DE JINETE

Córdoba.
Lejana y sola.

Jaca negra, luna grande,
y aceitunas en mi alforja.
Aunque sepa los caminos
yo nunca llegaré a Córdoba.

Por el llano, por el viento,
jaca negra, luna roja.
La muerte me está mirando
desde las torres de Córdoba.

¡Ay qué camino tan largo!
¡Ay mi jaca valerosa!
¡Ay que la muerte me espera,
antes de llegar a Córdoba!

Córdoba.
Lejana y sola.

2

ARBOLÉ, ARBOLÉ

Arbolé, arbolé
seco y verdé[37].

La niña del bello rostro
está cogiendo aceituna.
El viento, galán de torres,
la prende por la cintura.
Pasaron cuatro jinetes,
sobre jacas andaluzas
con trajes de azul y verde,
con largas capas oscuras.
«Vente a Córdoba, muchacha.»
La niña no los escucha.
Pasaron tres torerillos
delgaditos de cintura,
con trajes color naranja
y espadas de plata antigua[38].
«Vente a Sevilla, muchacha.»
La niña no los escucha.
Cuando la tarde se puso
morada, con luz difusa,
pasó un joven que llevaba
rosas y mirtos de luna.
«Vente a Granada, muchacha.»
Y la niña no lo escucha.
La niña del bello rostro
sigue cogiendo aceituna,
con el brazo gris del viento
ceñido por la cintura.

Arbolé, arbolé
seco y verdé.

---

[37] *Arbolé,* con -e final y acento agudo, como *verdé:* imitación de la lengua usada en la poesía medieval de cancionero.
[38] Asonancia imperfecta: *í-a,* por *ú-a.*

3

SUICIDIO

(*Quizá fue por no saberte*
la geometría.)

El jovencillo se olvidaba.
Eran las diez de la mañana.

Su corazón se iba llenando
de alas rotas y flores de trapo.

Notó que ya no le quedaba
en la boca más que una palabra.

Y al quitarse los guantes, caía,
de sus manos, suave ceniza.

Por el balcón se veía una torre.
Él se sintió balcón y torre.

Vio, sin duda, cómo le miraba
el reloj detenido en su caja.

Vio su sombra tendida y quieta,
en el blanco diván de seda.

Y el joven rígido, geométrico,
con un hacha rompió el espejo.

Al romperlo, un gran chorro de sombra
inundó la quimérica alcoba.

(De *Romancero gitano*)

4

SAN RAFAEL

(CÓRDOBA)

I

Coches cerrados llegaban
a las orillas de juncos
donde las ondas alisan
romano torso desnudo.
Coches que el Guadalquivir
tiende en su cristal maduro,
entre láminas de flores
y resonancias de nublos.
Los niños tejen y cantan
el desengaño del mundo,
cerca de los viejos coches
perdidos en el nocturno [39].
Pero Córdoba no tiembla
bajo el misterio confuso,
pues si la sombra levanta
la arquitectura del humo,
un pie de mármol afirma
su casto fulgor enjuto.
Pétalos de lata débil
recaman los grises puros
de la brisa desplegada
sobre los arcos de triunfo.
Y mientras el puente sopla
diez rumores de Neptuno [40],
vendedores de tabaco
huyen por el roto muro.

---

[39] *lo nocturno,* 'la noche'. Como sustantivo ***nocturno*** no tiene este significado.

[40] Principal divinidad marítima de los romanos.

II

Un solo pez en el agua
que a las dos Córdobas junta:
blanda Córdoba de juncos,
Córdoba de arquitectura.
Niños de cara impasible
en la orilla se desnudan,
aprendices de Tobías[41]
y Merlines[42] de cintura,
para fastidiar al pez
en irónica pregunta
si quiere flores de vino
o saltos de media luna.
Pero el pez, que dora el agua
y los mármoles enluta,
les da lección y equilibrio
de solitaria columna.
El arcángel aljamiado[43]
de lentejuelas oscuras,
en el mitin de las ondas
buscaba rumor y cuna.

*

Un solo pez en el agua.
Dos Córdobas de hermosura.
Córdoba quebrada en chorros.
Celeste Córdoba enjuta.

---

[41] Personaje bíblico que cruzó el río, guiado por el arcángel San Gabriel.

[42] Personaje legendario del ciclo de historias bretonas. *Merlín* aparece muy citado en el *Quijote*.

[43] Hablado o escrito en castellano con caracteres arábigos. *Aljamía* era el nombre que los moros daban a nuestra lengua. García Lorca usa *aljamiado* metafóricamente.

5

MUERTE DE ANTOÑITO EL CAMBORIO

Voces de muerte sonaron
cerca del Guadalquivir.
Voces antiguas que cercan
voz de clavel varonil.
Les clavó sobre las botas
mordiscos de jabalí.
En la lucha daba saltos
jabonados de delfín.
Bañó con sangre enemiga
su corbata carmesí,
pero eran cuatro puñales
y tuvo que sucumbir.
Cuando las estrellas clavan
rejones al agua gris,
cuando los erales sueñan
verónicas de alhelí,
voces de muerte sonaron
cerca del Guadalquivir.

*

—Antonio Torres Heredia,
Camborio de dura crin,
moreno de verde luna,
voz de clavel varonil:
¿Quién te ha quitado la vida
cerca del Guadalquivir?
—Mis cuatro primos Heredias,
hijos de Benamejí [44].
Lo que en otros no envidiaban,
ya lo envidiaban en mí.
Zapatos color corinto,

[44] Pueblo de la provincia de Córdoba.

medallones de marfil,
y este cutis amasado
con aceituna y jazmín.
—¡Ay, Antoñito el Camborio,
digno de una Emperatriz!
Acuérdate de la Virgen
porque te vas a morir.
—¡Ay, Federico García[45],
llama a la Guardia Civil!
Ya mi talle se ha quebrado
como caña de maíz.

*

Tres golpes de sangre tuvo
y se murió de perfil.
Viva moneda que nunca
se volverá a repetir.
Un ángel marchoso pone
su cabeza en un cojín.
Otros de rubor cansado
encendieron un candil.
Y cuando los cuatro primos
llegan a Benamejí,
voces de muerte cesaron
cerca del Guadalquivir.

(De *Romancero gitano.*)

6

BALADILLA DE LOS TRES RÍOS

El río Guadalquivir
va entre naranjos y olivos.
Los dos ríos de Granada
bajan de la nieve al trigo[46].

---

[45] Ver nota 21, pág. 101.

[46] Los dos ríos de Granada —Darro y Genil— bajan de Sierra Nevada a la vega.

¡Ay, amor
que se fue y no vino!

El río Guadalquivir
tiene las barbas granates.
Los dos ríos de Granada,
uno llanto y otro sangre.

¡Ay, amor
que se fue por el aire!

Para los barcos de vela
Sevilla tiene un camino [47].
Por el agua de Granada
sólo reman los suspiros.

¡Ay, amor
que se fue y no vino!

Guadalquivir, alta torre
y viento en los naranjales.
Darro y Genil, torrecillas
muertas sobre los estanques.

¡Ay, amor
que se fue por el aire!

¡Quién dirá que el agua lleva
un fuego fatuo de gritos!

¡Ay, amor
que se fue y no vino!

Lleva azahar, lleva olivas
¡Andalucía! a los mares.

¡Ay, amor
que se fue por el aire!

[47] El camino del Guadalquivir, río navegable.

7

SORPRESA

Muerto se quedó en la calle
con un puñal en el pecho.
No lo conocía nadie.
¡Cómo temblaba el farol!
Madre.
¡Cómo temblaba el farolito
de la calle!
Era madrugada. Nadie
pudo asomarse a sus ojos
abiertos al duro aire.
Que muerto se quedó en la calle,
que con un puñal en el pecho
y que no lo conocía nadie.

8

FALSETA

¡Ay, petenera gitana!
¡Yayay petenera!
Tu entierro no tuvo niñas
buenas.
Niñas que le dan a Cristo Muerto
sus guedejas,
y llevan blancas mantillas
en las ferias.
Tu entierro fue de gente
siniestra.
Gente con el corazón
en la cabeza,
que te siguió llorando
por las callejas.
¡Ay, petenera gitana!
¡Yayay petenera!

9

JUAN BREVA

Juan Breva tenía
cuerpo de gigante
y voz de niña.
Nada como su trino.
Era la misma
pena cantando
detrás de una sonrisa.
Evoca los limonares
de Málaga la dormida,
y hay en su llanto dejos
de sal marina.
Como Homero, cantó [48]
ciego. Su voz tenía
algo de mar sin luz
y naranja exprimida.

(De *Canciones*.)

10

CAMINO

Cien jinetes enlutados,
¿dónde irán
por el cielo yacente
del naranjal?
Ni a Córdoba ni a Sevilla
llegarán.
Ni a Granada la que suspira
por el mar.

[48] García Lorca hace un subido elogio del gran *cantaor* flamenco Juan Breva, comparándolo con Homero y los rapsodas griegos, que, como nuestros juglares, eran cantores que iban de pueblo en pueblo recitando poemas.

Esos caballos soñolientos
los llevarán
al laberinto de las cruces
donde tiembla el cantar.
Con siete ayes clavados,
¿dónde irán
los cien jinetes andaluces
del naranjal?

(De *Poema del cante jondo.*)

11

LA SANGRE DERRAMADA

(*Fragmento*)

No hubo príncipe en Sevilla [49]
que comparársele pueda,
ni espada como su espada
ni corazón tan de veras.
Como un río de leones
su maravillosa fuerza,
y como un torso de mármol
su dibujada prudencia.
Aire de Roma andaluza
le doraba la cabeza
donde su risa era un nardo
de sal y de inteligencia.
¡Qué gran torero en la plaza!
¡Qué buen serrano en la sierra!
¡Qué blando con las espigas!
¡Qué duro con las espuelas!

---

[49] Todo este fragmento recuerda en sus elogios los que Jorge Manrique hace de su padre en las famosas *Coplas.* Ignacio Sánchez Mejías, a quien Lorca dedicó su *Llanto,* y Alberti *Verte y no verte,* nació en Sevilla en 1891 y murió en Madrid en 1934, a consecuencia de la cogida sufrida en la plaza de toros de Manzanares (Ciudad Real). Gustó de la amistad de los escritores, y hasta escribió alguna obra.

¡Qué tierno con el rocío!
¡Qué deslumbrante en la feria!
¡Qué tremendo con las últimas
banderillas de tiniebla!

(De *Llanto por Ignacio Sánchez Mejías.*)

12

CIUDAD SIN SUEÑO

(NOCTURNO DEL BROOKLYN BRIDGE) [50]

No duerme nadie por el cielo. Nadie, nadie.
No duerme nadie.
Las criaturas de la luna huelen y rondan las cabañas.
Vendrán las iguanas vivas a morder a los hombres que [no sueñan
y el que huye con el corazón roto encontrará por las [esquinas
al increíble cocodrilo quieto bajo la tierna protesta de [los astros.

No duerme nadie por el mundo. Nadie, nadie.
No duerme nadie.
Hay un muerto en el cementerio más lejano
que se queja tres años
porque tiene un paisaje seco en la rodilla;
y el niño que enterraron esta mañana lloraba tanto
que hubo necesidad de llamar a los perros para que [callase.

No es sueño la vida. ¡Alerta! ¡Alerta! ¡Alerta!
Nos caemos por las escaleras para comer la tierra hú- [meda
o subimos al filo de la nieve con el coro de las dalias [muertas.

---

50 Puente de Brooklyn, en Nueva York.

Pero no hay olvido ni sueño. Carne viva
los besos atan las bocas
en una maraña de venas recientes,
y al que le duele su dolor le dolerá sin descanso
y al que teme la muerte la llevará sobre los hombros.

Un día
los caballos vivirán en las tabernas
y las hormigas furiosas
atacarán los cielos amarillos que se refugian en los ojos
[de las vacas.

Otro día
veremos la resurrección de las mariposas disecadas
y aun andando por un paisaje de esponjas grises y bar-
[cos mudos
veremos brillar el anillo y manar rosas de nuestra lengua.
¡Alerta! ¡Alerta! ¡Alerta!
A los que guardan todavía huellas de zarpa y aguacero,
a aquel muchacho que llora porque no sabe la inven-
[ción del puente
o a aquel muerto que ya no tiene más que la cabeza
[y un zapato,
hay que llevarlos al muro donde iguanas y sierpes es-
donde espera la dentadura del oso, [peran,
donde espera la mano momificada del niño
y la piel del camello se eriza con un violento escalofrío
[azul.

No duerme nadie por el cielo. Nadie, nadie.
No duerme nadie.
Pero si alguien cierra los ojos,
¡azotadlo, hijos míos, azotadlo!
Hay un panorama de ojos abiertos
y amargas llagas encendidas.

No duerme nadie por el mundo. Nadie, nadie.
Ya lo he dicho.
No duerme nadie.

Pero si alguien tiene por la noche exceso de musgo en [las sienes,
abrid los escotillones para que vea bajo la luna
las copas falsas, el veneno y la calavera de los teatros.

13

NIÑA AHOGADA EN EL POZO

(GRANADA Y NEWBURG[51])

Las estatuas sufren con los ojos
por la oscuridad de los ataúdes,
pero sufren mucho más
por el agua que no desemboca.
...que no desemboca.

El pueblo corría por las almenas,
rompiendo las cañas de los pescadores.
Pronto. Los bordes, de prisa.
Y croaban las estrellas tiernas.
...que no desemboca.

Tranquila en mi recuerdo. Astro. Círculo. Meta.
Lloras por las orillas de un ojo de caballo.
...que no desemboca.

Pero nadie en lo oscuro podrá darte distancia,
sino afilado límite, porvenir de diamante.
...que no desemboca.

Mientras la gente busca silencios de tu almohada
tú lates para siempre definida en tu anillo.
...que no desemboca.

Eterna en los finales de unas ondas que aceptan
combate de raíces y soledad prevista.
...que no desemboca.

[51] Ciudad del Estado de Nueva York.

Ya vienen por las rampas, ¡levántate del agua!
Cada punto de luz te dará una cadena.
...que no desemboca.

Pero el pozo te alarga manecitas de musgo,
insospechada ondina [52] de su casta ignorancia.
...que no desemboca.

No, que no desemboca. Agua fija en un punto
respirando con todos los violines sin cuerdas
en la escala de las heridas y los edificios deshabitados.

Agua que no desemboca.

(De *Poeta en Nueva York.*)

14

GACELA [53] DEL AMOR CON CIEN AÑOS

Suben por la calle
los cuatro galanes.
¡Ay, ay, ay, ay!

Por la calle abajo
van los tres galanes.
¡Ay, ay, ay!

Se ciñen el talle
esos dos galanes.
¡Ay, ay!

Cómo vuelve el rostro
un galán y el aire.
¡Ay!

En los arrayanes
se pasea nadie.

---

[52] Ninfa que residía en el agua.
[53] *Gazal* o *nasib,* composición poética de tema amoroso entre los árabes, derivación de la *casida.*

15

CASIDA[54] DE LA MUJER TENDIDA

Verte desnuda es recordar la tierra.
La tierra lisa, limpia de caballos.
La tierra sin un junco, forma pura
cerrada al porvenir: confín de plata.

Verte desnuda es comprender el ansia
de la lluvia que busca débil talle,
o la fiebre del mar de inmenso rostro
sin encontrar la luz de su mejilla.

La sangre sonará por las alcobas
y vendrá con espada fulgurante,
pero tú no sabrás dónde se ocultan
el corazón del sapo o la violeta.

Tu vientre es una lucha de raíces,
tus labios son un alba sin contorno;
bajo las rosas tibias de la cama,
los muertos gimen esperando turno.

16

EN LA MUERTE DE JOSÉ DE CIRIA Y ESCALANTE[55]

¿Quién dirá que te vio, y en qué momento?
¡Qué dolor de penumbra iluminada!
Dos voces suenan: el reloj y el viento,
mientras flota sin ti la madrugada.

---

[54] Entre los árabes y persas, composición poética de asunto amoroso.
[55] Poeta español muerto en 1924, de veinte años.

Un delirio de nardo ceniciento
invade tu cabeza delicada.
¡Hombre! ¡Pasión! ¡Dolor de luz! Memento [56]
Vuelve hecho luna y corazón de nada.

Vuelve hecho luna: con mi propia mano
lanzaré tu manzana sobre el río
turbio de rojos peces de verano.

Y tú arriba, en lo alto, verde y frío,
¡olvídate! Y olvida el mundo vano,
delicado Giocondo [57], amigo mío.

17

ODA AL SANTÍSIMO SACRAMENTO DEL ALTAR

EXPOSICIÓN

Pange lingua gloriosi corporis misterium [58]

Cantaban las mujeres por el muro clavado
cuando te vi, Dios fuerte, vivo en el Sacramento,
palpitante y desnudo, como un niño que corre
perseguido por siete novillos capitales.

Vivo estabas, Dios mío, dentro del ostensorio.
Punzado por tu Padre con agujas de lumbre.
Latiendo como el pobre corazón de la rana.
que los médicos ponen en el frasco de vidrio.

---

[56] En latín, «recuerda». Así, en la admonición del miércoles de ceniza: *Memento, homo, quia pulvis es et in pulverem reverteris:* «Acuérdate, hombre, de que eres ceniza, y en ceniza te has de convertir.»

[57] Alusión a *La Gioconda,* retratada por Leonardo de Vinci. Esta dama se llamaba Mona Lisa y era esposa de Francesco del Giocondo.

[58] Palabras iniciales del famoso himno de la iglesia, atribuido por unos a Claudino Mamerto y por otros a San Fortunato: «Canta, lengua, el misterio del cuerpo glorioso.»

Piedra de soledad donde la hierba gime
y donde el agua oscura pierde sus tres acentos,
elevan su columna de nardo bajo nieve
sobre el mundo de ruedas y falos que circula.

Yo miraba tu forma deliciosa flotando
en la llaga de aceites y paño de agonía
y entornaba mis ojos para dar en el dulce
tiro al blanco de insomnio sin un pájaro negro.

Es así, Dios anclado, como quiero tenerte.
Panderito de harina para el recién nacido.
Brisa y materia juntas en expresión exacta
por amor de la carne que no sabe tu nombre.

Es así, forma breve de rumor inefable,
Dios en mantillas, Cristo diminuto y eterno,
repetido mil veces, muerto, crucificado
por la impura palabra del hombre sudoroso.

Cantaban las mujeres en la arena sin norte,
cuando te vi presente sobre tu Sacramento.
Quinientos serafines de resplandor y tinta
en la cúpula neutra gustaban su racimo.

¡Oh, Forma sacratísima, vértice de las flores,
donde todos los ángulos toman sus luces fijas,
donde número y boca construyen un presente
cuerpo de luz humana con músculos de harina!

¡Oh, Forma limitada para expresar concreta
muchedumbre de luces y clamor escuchado!
¡Oh, nieve circundada por témpanos de música!
¡Oh, llama crepitante sobre todas las venas!

(De *Obras completas.*)

Rafael Alberti

Puerto de Santa María (Cádiz), 1902. Trasladada su familia a Madrid en 1917, abandonó el bachillerato —cursado en el colegio de los jesuitas de su pueblo natal— por la pintura, su actividad principal hasta 1923. En 1925 obtuvo, con Gerardo Diego, el Premio Nacional de Literatura por *Marinero en tierra,* libro que mereció altos elogios de Juan Ramón Jiménez. Causas de salud le obligaron a vivir en las sierras de Guadarrama y Rute. En 1931 se afilió al Partido Comunista y a la terminación de la guerra civil salió de España. Desde entonces residió habitualmente en Buenos Aires y en 1963 se estableció en Roma, donde vive en la actualidad. Ha viajado por casi toda Europa, Rusia, América y China. En 1965 recibió el Premio Lenin de la Paz.

Con su mujer, María Teresa León, fundó la revista *Octubre.* Ha cultivado el teatro escribiendo una quincena de piezas dramáticas y farsas escénicas de carácter político; ha hecho una versión modernizada de la *Numancia* de Cervantes y, conjuntamente con su mujer, una adaptación cinematográfica de *La dama duende* de Calderón. Es autor de un libro de memorias, *La arboleda perdida,* de otro de semblanzas, *Imagen primera de...* y de un estudio sobre *La poesía popular en la lírica española contemporánea.* También se le deben prólogos, antologías, trabajos editoriales y traducciones.

Obras: *Marinero en tierra.* Madrid, Biblioteca Nueva, 1925 (nueva edición aumentada, Buenos Aires, Losada, 1945; edición con ilustraciones del autor, Madrid, Biblioteca Nueva, 1968; edición de Robert Marrast, junto con *La amante* y *El alba del alhelí.* Madrid, Castalia, 1972); *La amante.* Málaga, Litoral, 1962; *El alba del alhelí.* Santander, edición «para amigos» de José María de Cossío, 1927 (nueva edición aumentada, Buenos Aires, Losada, 1947); *Cal y canto*. Madrid, Revista de Occidente, 1929; *Sobre los ángeles*. Madrid, C.I.A.P., 1929 (edición con prólogo de C. M. Bowra, Buenos Aires, Aires, Losada, 1959); *Dos oraciones a la Virgen*. París, Impreso por C. Rodríguez Pintos, 1931 (con Carlos Rodríguez Pintos. El poema de Alberti es la «Oración a la Virgen de la buena leche»); *Consignas*. Madrid, Octubre, 1933; *Un fantasma recorre Europa*. Madrid, La tentativa poética, 1933; *Poesía, 1924-1930*. Madrid, Cruz y Raya, 1935 (contiene *Marinero en tierra, La amante, El alba del alhelí, Cal y canto, Yo era un tonto y lo que he visto me ha hecho dos tontos, Sobre los ángeles, Sermones y moradas* y *Con los zapatos puestos tengo que morir: Elegía cívica*); *Verte y no verte*. México, Miguel N. Lira, impresor, 1935; *De un momento a otro*. México, Fábula, 1935; *13 bandas y 48 estrellas*. Madrid, M. Altolaguirre, impresor, 1936; *Nuestra diaria palabra*. Madrid, Héroe, 1936; *De un momento a otro (poesía e historia)*. Madrid, Europa-América 1937 (contiene *Un fantasma recorre Europa, 13 bandas y 48 estrellas* y *Capital de la gloria*); *Poesía 1924-1937*. Madrid, Signo, 1938; *Cantata de los héroes y la franternidad de los pueblos*. Buenos Aires, tirada en mimeógrafo, 1938; *Poesía 1924-1938*. Buenos Aires, Losada, 1940; *De los sauces*. Buenos Aires, Francisco A. Colombo, impresor, 1940; *De los álamos y los sauces*. Buenos Aires, Ángel Gulab, editor, 1940; *Entre el clavel y la espada*. Buenos Aires, Losada, 1941; *Antología poética*. Buenos Aires, Losada, 1942 (2.ª edición 1945; 3.ª edición 1958; 6.ª edición 1972); *Vida bilingüe de un refugiado español en Francia*. Buenos Aires, Bajel, 1942; *¡Eh, los toros!* Buenos Aires, Emecé, 1942; *Tres recuerdos del cielo (Homenaje a G. A. Bécquer)*. Buenos Aires, Urania, 1943; *Pleamar*. Buenos Aires, Losada, 1944; *A la pintura*. Buenos Aires, Imprenta López, 1945 (nueva edición aumentada, Buenos Aires, Losada, 1948; 2.ª edición, 1953); *¡Pueblos libres! ¿Y España?* Buenos Aires, Comisión de ayuda al pueblo español demócrata, 1946; *Poesía. 1924-1944*. Buenos Aires, Losada, 1946; *El ceñidor de Venus desceñido*. Buenos Aires, Botella al mar, 1947; *Coplas de Juan Panadero*. Montevideo, Pueblos Unidos, 1949; *Buenos Aires en tinta china*, prólogo de Jorge Luis Borges. Buenos Aires, Losada, 1951; *Retornos de lo vivo lejano*. Buenos Aires, Losada, 1952; *Ora marítima, seguida de Baladas y canciones del Paraná*. Buenos Aires, Losada, 1953; *Baladas y canciones del Paraná*. Buenos Aires, Losada, 1954; *Diez liricografías*. Buenos Aires, Bonino, 1954; *Sonríe China*, en colaboración con María Teresa León. Buenos Aires, Jacobo Muchnik, 1958; *Poesías completas*. Buenos Aires, Losada, 1961; *Poemas escénicos (primera serie)*.

Buenos Aires, Losada, 1962; *Suma taurina.* Barcelona, Edt. RM, 1963; *Abierto a todas horas.* Madrid, Afrodisio Aguado, 1964; *X sonetos romanos.* Buenos Aires, Bonino, 1964; *El poeta en la calle (1931-1945).* París, Col. Ebro, 1966; *Poemas de amor.* Madrid, Alfaguara, 1967; *Libro del mar. Poemas.* Barcelona, Lumen, 1968; *Roma, peligro para caminantes.* México, Joaquín Mortiz, 1968 (nueva edición en la revista *Litoral,* núms. 43-44, Málaga, marzo 1974); *Poesías anteriores a «Marinero en tierra».* Barcelona-Arezzo, 1969; *Los ocho nombres de Picasso.* Barcelona, Kairos, 1970; *Canciones del alto valle del Aniene.* Buenos Aires, Losada, 1972; *Obras completas I. Poesías (1923-1967).* edición al cuidado de Aitana Alberti. Madrid, Aguilar, 1972.

BIBLIOGRAFÍA

Libros

EDUARDO GONZÁLEZ LANUZA, *R. A. Estudio y antología.* Buenos Aires, Ediciones Culturales Argentinas, 1965.

CLAUDE COUFFON, *R. A.* París, Seghers, 1966.

CYRIL B. MORRIS, *Rafael Alberti's «Sobre los ángeles»: Four Major Themes.* Hull, University, 1966.

SOLITA SALINAS DE MARICHAL, *El mundo poético de R. A.* Madrid, Gredos, 1968.

KURT SPANG, *R. A., Dichter der Unrast.* Berlín, 1971.

IGNACIO DELOGU, *R. A.* Firenze, La Nouva Italia, 1973.

MANUEL BAYO, *Sobre Alberti.* Madrid, CVS Ed.. 1974.

Artículos y estudios

ERIC PROLL, «Popularismo and Barroquismo in the Poetry of R. A.», en *Bulletin of Hispanic Studies,* XIX, Liverpool, enero-abril 1942, págs. 59-83.

ROBERT MARRAST, «Essai de bibliographie de R. A.», en *Bulletin Hispanique,* LVII, 1955. («Addenda et corrigenda», ibíd., LIX, 1957.)

G. W. CONNELL, «The Autobiographical Element in *Sobre los ángeles*», en *Bulletin of Hispanic Studies,* XL, Liverpool, julio 1963, págs. 160-73.

G. W. CONNELL, «The End of a Quest: Alberti's *Sermones y moradas* and Three Uncollected Poems», en *Hispanic Review,* XXXIII, Philadelphia, julio 1965, págs. 290-309.

José Ángel Valente, «La necesidad y la musa», en *Las palabras de la tribu.* Madrid, Siglo XXI, 1971, págs. 161-69.

(Véanse también los libros mencionados en la «Bibliografía general» bajo los números 20, 21, 25, 34, 36, 39, 40, 51, 62, 65, 67, 71, 73, 74, 75, 79 y 82.)

Homenajes

Cuadernos de Ágora, núms. 59-60. Madrid, septiembre-octubre 1961.

Ínsula, núm. 198. Madrid, mayo 1963.

Papeles de Son Armadans, núm. 88. Madrid-Palma de Mallorca, julio 1963.

Europe, núms. 447-448. París, 1966, págs. 187-206.

Litoral, núm. 3. Málaga, agosto-septiembre 1968.

1

El mar. La mar.
El mar. ¡Sólo la mar!
¿Por qué me trajiste, padre,
a la ciudad?
¿Por qué me desenterraste
del mar?
En sueños, la marejada
me tira del corazón.
Se lo quisiera llevar.
Padre, ¿por qué me trajiste
acá?

2

Si mi voz muriera en tierra,
llevadla al nivel del mar
y dejadla en la ribera.
Llevadla al nivel de mar
y nombradla capitana
de un blanco bajel de guerra.
¡Oh mi voz condecorada
con la insignia marinera:
sobre el corazón un ancla
y sobre el ancla una estrella
y sobre la estrella el viento
y sobre el viento la vela!

3

MALVA-LUNA-DE-YELO

Las floridas espaldas ya en la nieve,
y los cabellos de marfil al viento.
Agua muerta en la sien, el pensamiento
color halo de luna cuando llueve.
¡Oh, qué clamor bajo del seno breve,
qué palma al aire el solitario aliento!
¡Qué témpano, cogido al firmamento,
el pie descalzo, que a morir se atreve!
Brazos de mar, en cruz, sobre la helada
bandeja de la noche; senos fríos,
de donde surte, yerta, la alborada;
¡oh piernas como dos celestes ríos,
Malva-luna-de-leyo, amortajada
bajo los mares de los ojos míos!

(De *Marinero en tierra.*)

4

DE ARANDA DE DUERO A PEÑARANDA DE DUERO [59]

¡Castellanos de Castilla,
nunca habéis visto la mar!
¡Alerta, que en estos ojos
del sur y en este cantar
yo os traigo toda la mar!
¡Miradme, que pasa el mar!

(De *La amante.*)

[59] Pueblos de la provincia de Burgos.

5

JOSELITO EN SU GLORIA[60]

Llora, Giraldilla mora,
lágrimas en tu pañuelo.
Mira cómo sube al cielo
la gracia toreadora.
Niño de amaranto y oro,
cómo llora tu cuadrilla
y cómo llora Sevilla,
despidiéndote del toro.
—Tu río, de tanta pena,
deshoja sus olivares
y riega los azahares
de su frente, por la arena.
—Díle adiós, torero mío,
díle adiós a mis veleros
y adiós a mis marineros,
que ya no quiero ser río.
Cuatro arcángeles bajaban
y, abriendo surcos de flores,
al rey de los matadores
en hombros se lo llevaban.
—Virgen de la Macarena[61]
mírame tú, cómo vengo,
tan sin sangre que ya tengo
blanca mi color morena.
Mírame así, chorreado
de un borbotón de rubíes
que ciñe de carmesíes
rosas mi talle quebrado.
Ciérrame con tus collares
lo cóncavo de esta herida,

---

[60] Famosísimo torero nacido en Gelves (Sevilla) en 1895, muerto en la plaza de Talavera de la Reina (Toledo), en 1920.
[61] Nombre popular dado a la Virgen de la Esperanza.

¡que se me escapa la vida
por entre los alamares!
¡Virgen del Amor, clavada,
igual que un toro, en el seno!
Pon a tu espadita bueno
y dale otra vez su espada.
Que pueda, Virgen, que pueda
volver con sangre a Sevilla
y al frente de mi cuadrilla
lucirme por la Alameda [62].

6

GUÍA ESTIVAL DEL PARAÍSO

(PROGRAMA DE FESTEJOS)

Hotel de Dios: pulsado por los trenes
y buques. Parque al sur. Ventiladores.
Automóvil al mar y los andenes.
San Rafael, plumado, a la Cantina,
chófer de los colgantes corredores,
por un sorbete lleva, sin propina.
¡Al Bar de los Arcángeles! De lino,
las cofias de las frentes, y las alas,
de sidra y plumas de limón y vino.
Por una estrella de metal, las olas
satinan el marfil de las escalas
áureas de las veloces pianolas.
¡Campo de Aviación! Los serafines,
la Vía Láctea enarenada, vuelan
la gran Copa del Viento y los Confines.
Y en el Estadio de la Luna, fieros,
gimnastas de las nieves, se revelan,
jabalinas y discos, los luceros.
¡Reina de las barajas! Por los lagos
de Venus, remadora, a los castillos
del Pim-Pam-Púm de los tres Reyes Magos.

[62] La Alameda de Hércules, gran paseo de Sevilla.

Carreras de los vírgenes cometas
en cinta, alrededor de los anillos
saturnales, de alcol las bicicletas.
¡Funicular al Tiro de Bujías!
¡Submarino al Vergel de los Enanos,
y al Naranjal de Alberti [63], los tranvías!
Hotel de Dios: pulsado por los trenes
y buques. *Hall* [64] al sur. Americanos
refrescos. Auto al mar y los andenes.

(De *Cal y canto*.)

7

CITA TRISTE DE CHARLOT [65]

Mi corbata, mis guantes,
mis guantes, mi corbata.
La mariposa ignora la muerte de los sastres,
la derrota del mar por los escaparates.
Mi edad, señores, 900.000 años.
¡Oh!
Era yo un niño cuando los peces no andaban,
cuando los ocas no decían misa
ni el caracol embestía al gato.
Juguemos al ratón y al gato, señorita.
Lo más triste, caballero, un reloj:
las 11, las 12, la 1, las 2.
A las tres en punto morirá un transeúnte.
Tú, luna, no te asustes,
tú, luna, de los taxis retrasados,
luna de hollín de los bomberos.
La ciudad está ardiendo por el cielo,
un traje igual al mío se hastía por el campo.
Mi edad, de pronto, 25 años.

---

[63] Ver nota 21, pág. 101.
[64] En inglés, «vestíbulo». Ver nota 1, pág. 63.
[65] Charles Chaplin, celebérrimo actor de cine, nacido en Inglaterra en 1889.

Es que nieva, que nieva
y mi cuerpo se vuelve choza de madera.
Yo te invito al descanso, viento.
Muy tarde es ya para cenar estrellas.
Pero podemos bailar, árbol perdido.
Un vals para los lobos,
para el sueño de la gallina sin las uñas del zorro.
Se me ha extraviado el bastón.
Es muy triste pensarlo solo por el mundo.
¡Mi bastón!
Mi sombrero, mis puños,
mis guantes, mis zapatos.
El hueso que más me duele, amor mío, es el reloj:
las 11, las 12, la 1, las 2.
Las 3 en punto.
En la farmacia se evapora un cadáver desnudo.

(De *Yo era un tonto y lo que he visto me ha hecho dos tontos*)[66].

8

EL CUERPO DESHABITADO

1

Yo te arrojé de mi cuerpo,
yo, con un carbón ardiendo.
—Vete.
Madrugada.
La luz, muerta en las esquinas
y en las casas.
Los hombres y las mujeres
yo no estaban.
—Vete.
Quedó mi cuerpo vacío,
negro saco, a la ventana.

[66] Este título está tomado de Calderón de la Barca.

Se fue.
Se fue, doblando las calles.
Mi cuerpo anduvo, sin nadie.

9

LOS DOS ÁNGELES

Ángel de luz, ardiendo,
¡oh, ven!, y con tu espada
incendia los abismos donde yace
mi subterráneo ángel de las nieblas.
¡Oh espadazo en las sombras!
Chispas múltiples,
clavándose en mi cuerpo,
en mis alas sin plumas,
en lo que nadie ve,
vida.
Me estás quemando vivo.
Vuela ya de mí, oscuro
Luzbel [67] de las canteras sin auroras,
de los pozos sin agua,
de las simas sin sueño,
ya carbón del espíritu,
sol, luna.
Me duelen los cabellos
y las ansias. ¡Oh, quémame!
¡Más, más, sí, sí, más! ¡Quémame!
¡Quémalo, ángel de luz, custodio mío,
tú que andabas llorando por las nubes,
tú, sin mí, tú, por mí,
ángel frío de polvo, ya sin gloria,
volcado en las tinieblas!
¡Quémalo, ángel de luz,
quémame y huye!

(De *Sobre los ángeles.*)

---

[67] «Ángel de luz.»

10

ESPANTAPÁJAROS

Ya en mi alma pesaban de tal modo los muertos futuros que no podían andar ni un solo paso sin que las piedras revelaran sus entrañas.
¿Qué gritan y defienden esos trajes retorcidos por las exhalaciones?
Sangran ojos de mulos cruzados de escalofríos.
Se hace imposible el cielo entre tantas tumbas anegadas de setas corrompidas.
¿Adónde ir con las ansias de los que han de morirse?
La noche se desploma por un exceso de equipaje secreto.
Alabad a la chispa que electrocuta las huestes y los rebaños.
Un hombre y una vaca perdidos.
¿Qué nuevas desventuras esperan a las hojas para este otoño?
Mi alma no puede ya con tanto cargamento sin destino.
El sueño para preservarse de las lluvias intenta una alquería.
Anteanoche no aullaron ya las lobas.
¿Qué espero rodeado de muertos al filo de una madrugada indecisa?

(De *Sermones y moradas.*)

11

EL TORO DE LA MUERTE

Negro toro, nostálgico de heridas,
corneándole al agua sus paisajes,
revisándole cartas y equipajes
a los trenes que van a las corridas.
¿Qué sueñas en tus cuernos, qué escondidas
ansias les arrebolan los viajes,

qué sistema de riegos y drenajes
ensayan en la mar tus embestidas?
Nostálgico de un hombre con espada[68],
de sangre femoral y de gangrena,
ni el mayoral ya puede detenerte.
Corre, toro, a la mar, embiste, nada,
y a un torero de espuma, sal y arena,
ya que intentas herir, dale la muerte.

(De *Verte y no verte.*)

12

HACE FALTA ESTAR CIEGO

Hace falta estar ciego,
tener como metidas en los ojos raspaduras de vidrio,
cal viva,
arena hirviendo,
para no ver la luz que salta en nuestros actos,
que ilumina por dentro nuestra lengua,
nuestra diaria palabra.
Hace falta querer morir sin estela de gloria y alegría,
sin participación en los himnos futuros,
sin recuerdo en los hombres que juzguen el pasado
sombrío de la Tierra.
Hace falta querer ya en vida ser pasado,
obstáculo sangriento,
cosa muerta,
seco olvido.

(De *De un momento a otro.*)

[68] Ignacio Sánchez Mejías. Ver nota 49, pág. 127.

13

MÉXICO

(EL INDIO)

Todavía más fino, aún más fino, más fino,
casi desvaneciéndose de pura transparencia,
de pura delgadez como el aire del Valle[69].
Es como el aire.
De pronto suena a hojas,
suena a seco silencio, a terrible protesta de árboles,
de ramas que prevén los aguaceros.
Es como los aguaceros.
Se apaga como ojo de lagarto que sueña,
garra dulce de tigre que se volviera hoja,
lumbre débil de fósforo al abrirse una puerta.
Es como lumbre.
Lava antigua volcánica rodando,
color de hoyo con ramas que se queman,
tierra impasible al temblor de la tierra.
Es como tierra.

(De *13 bandas y 48 estrellas.*)

14

Se equivocó la paloma.
Se equivocaba.
Por ir al norte, fue al sur.
Creyó que el trigo era agua.
Se equivocaba.
Creyó que el mar era el cielo;
que la noche, la mañana.
Se equivocaba.

---

69 El Valle de México, en el que está emplazada la capital de dicho país.

Que las estrellas, rocío;
que la calor, la nevada.
Se equivocaba.
Que tu falda era tu blusa;
que tu corazón, su casa.
Se equivocaba.
(Ella se durmió en la orilla.
Tú, en la cumbre de una rama.)

15

(Muelle del reloj.)[70]

A través de una niebla caporal[71] de tabaco
miro el río de Francia[72],
moviendo escombros tristes, arrastrando ruinas
por el pesado verde ricino de sus aguas.
Mis ventanas
ya no dan a los álamos y los ríos de España.
Quiero mojar la mano en tan espeso frío
y parar lo que pasa
por entre ciegas bocas de piedra, dividiendo
subterráneas corrientes de muertos y cloacas.
Mis ventanas
ya no dan a los álamos y los ríos de España.
Miro una lenta piel de toro desollado,
sola, descuartizada,
sosteniendo cadáveres de voces conocidas,
sombra abajo, hacia el mar, hacia una mar sin barcas.
Mis ventanas
ya no dan a los álamos y los ríos de España.
Desgraciada viajera fluvial que de mis ojos
desprendidos arrancas
eso que de sus cuencas desciende como río

---

[70] *Quai de l'Horloge,* en París, sobre el río Sena.
[71] Cabo de escuadra. En Francia, cierta clase de tabaco fuerte.
[72] El Sena.

cuando el llanto se olvida de rodar como lágrima.
Mis ventanas
ya no dan a los álamos y los ríos de España.

(De *Entre el clavel y la espada.*)

16

ZURBARÁN [73]

Ni el humo, ni el pavor, ni la neblina.
Lejos de aquí ese aliento que destruye.
Una luz en los huesos determina
y con la sombra cómplice construye.
Pensativa sustancia la pintura,
paraliza de luz la arquitectura.

Meditación del sueño, memorable
visión real que en éxtasis domeña;
severo cielo, tierra razonable
de pan cortado, vino y estameña.
El pincel, la paleta, todo es frente,
médula todo, pensativamente.

Piensa el tabique, piensa el pergamino
del volumen que alumbra la madera;
el pan se abstrae y se ensimisma el vino
sobre el mantel que enclaustra la arpillera.
Y es el membrillo un pensamiento puro
que concentra el frutero en claroscuro.

Ora el plato, y la jarra, de sencilla,
humildemente persevera muda,
y el orden que descansa en la vajilla
se reposa en la luz que la desnuda.
Todo el callado refectorio reza
una oración que exalta la certeza.

---

[73] Pintor español nacido en Extremadura (1598-1662).

La nube es un soporte, es una baja
plataforma celeste suspendida,
doonde un arcángel albañil trabaja,
roto el muro, en mostrar que hay otra vida.
Mas lo que muestra es siempre un andamiaje
para enganchar en pliegues el ropaje.

Rudo amante del lienzo, recia llama
que blanquecinamente tabletea,
telar del hilo de la flor en rama,
pincel que teje, aguja que tornea.
Nunca la línea revistió más peso
ni el alma paño vivo en carne y hueso.

Fe que da el barro, mística terrena
que el color de la arcilla sube al cielo;
mano real que al ser humano ordena
mirarse ante el divino paralelo.
La gloria abierta, el monje se extasía
al ver volar la misma alfarería.

Pintor de Extremadura, en ti se extrema,
dura y fatal, la lidia por la forma.
El pan que cuece tu obrador se quema
en el frío troquel que lo conforma.
Gire en tu eternidad la disciplina
de una circunferencia cristalina.

(De *A la Pintura.*)

17

RETORNO DE LA INVARIABLE POESÍA

¡Oh poesía hermosa, fuerte y dulce,
mi solo mar al fin, que siempre vuelve!
¿Cómo vas a dejarme, cómo un día
pude, ciego, pensar en tu abandono? [74].

---

[74] El poeta se refiere, sin duda, a la decisión que tomó en 1931 de no seguir haciendo «poesía burguesa».

Tú eres lo que me queda, lo que tuve,
desde que abrí a la luz, sin comprenderlo.
Fiel en la dicha, fiel en la desgracia,
de tu mano en la paz,
y en el estruendo triste
de la sangre y la guerra, de tu mano.

Yo dormía en las hojas, yo jugaba
por las arenas verdes de los ríos,
subiendo a las veletas de las torres
y a la nevada luna mis trineos.
Y eran tus alas invisibles, era
su soplo grácil quien me conducía.

¿Quién tocó con sus ojos los colores,
quién a las líneas contagió su aire,
y quién, cuando el amor, puso en su flecha
un murmullo de fuentes y palomas?
Luego, el horror, la vida en el espanto,
la juventud ardiendo en sacrificio.
¿Qué sin ti el héroe, que su pobre muerte
sin el súbito halo de relámpagos
con que tú lo coronas e iluminas?

¡Oh, hermana de verdad, oh compañera,
conmigo, desterrada,
conmigo, golpeado y alabado,
conmigo, perseguido;
en la vacilación, firme, segura,
en la firmeza, animadora, alegre,
buena en el odio necesario, buena
y hasta feliz en la melancolía!
¿Qué no voy a esperar de ti en lo que me falte
de júbilo o tormento? ¿Qué no voy
a recibir de ti, di, que no sea
sino para salvarme, alzarme, conferirme?
Me matarán quizá y tú serás mi vida,
viviré más que nunca y no serás mi muerte.
Porque por ti yo he sido, yo soy música,
ritmo veloz, cadencia lenta, brisa
de los juncos, vocablo de la mar, estribillo

de las simples cigarras populares.
Porque por ti soy tú y seré por ti sólo
lo que fuiste y serás para siempre en el tiempo.

(*De Retornos de lo vivo lejano.*)

18

POR ENCIMA DEL MAR, DESDE LA ORILLA AMERICANA DEL ATLÁNTICO

¡Si yo hubiera podido, oh Cádiz, a tu vera,
hoy, junto a ti, metido en tus raíces,
hablarte como entonces,
como cuando descalzo por tus verdes orillas
iba a tu mar robándole caracoles y algas!

Bien lo merecería, yo sé que tú lo sabes,
por haberte llevado tantos años conmigo,
por haberte cantado casi todos los días,
llamando siempre Cádiz a todo lo dichoso,
lo luminoso que me aconteciera.

Siénteme cerca, escúchame
igual que si mi nombre, si todo yo tangible,
proyectado en la cal hirviente de tus muros,
sobre tus farallones [75] hundidos o en los huecos
de tus antiguas tumbas o en las olas te hablara.
Hoy tengo muchas cosas, muchas más que decirte.

Yo sé que lo lejano,
sí, que lo más lejano, aunque se llame
Mar de Solís o Río de la Plata [76],
no hace que los oídos
de tu siempre dispuesto corazón no me oigan.
Por encima del mar voy de nuevo a cantarte.

(De *Ora marítima.*)

---

[75] *farallón,* roca alta y tajada o peñasco abrupto que sobresale en el mar y alguna vez en tierra firme.

[76] Estuario de los ríos Paraná y Uruguay, en el Atlántico. Se llama también Mar de Solís en homenaje a su descubridor.

19

Federico.
Voy por la calle del Pinar
para verte en la Residencia.[76 bis]
Llamo a la puerta de tu cuarto.
Tú no estás.

Federico.
Tú te reías como nadie.
Decías tú todas tus cosas
como ya nadie las dirá.
Voy a verte a la Residencia.
Tú no estás.

Federico.
Por estos montes del Aniene
tus olivos trepando van.
Llamo a sus ramas con el aire.
Tú sí estás.

(De *Canciones del alto valle del Aniene.*)

[76 bis] La «Residencia de Estudiantes» de la Universidad de Madrid. Creada en 1910, sus actividades estaban orientadas a llevar a la práctica los programas reformistas de la Institución Libre de Enseñanza. Instalada en sus comienzos en la calle de Fortuny, su rápido crecimiento exigió cinco años más tarde su traslado a los nuevos edificios de los altos del Hipódromo, en la calle del Pinar, lugar que Juan Ramón Jiménez bautizó con el nombre de «Colina de los Chopos». Junto a escritores y hombres de ciencia españoles, participaron en las múltiples actividades de este colegio universitario (conferencias, lecturas, cursos, publicaciones, etc.), las más famosas personalidades extranjeras, entre otros el filósofo Bergson, el economista Keynes, los científicos Marie Curie y Einstein, el astrónomo Eddington, el arquitecto Le Corbusier y los escritores franceses Claudel, Valéry, Max Jacob y Louis Aragon. «Residentes» fijos u ocasionales fueron Unamuno, Juan Ramón Jiménez, Moreno Villa, García Lorca, Emilio Prados, Luis Buñuel, Salvador Dalí, etc. (Para una historia de la Residencia ver la obra del que fue su director hasta 1936, Alberto Jiménez Fraud, *Ocaso y Restauración,* México, 1948, recogida posteriormente en *Historia de la Universidad Española,* Madrid, Alianza Editorial, 1971.)

Juan José Domenchina

Madrid, 1898 - Méjico, 1959. Maestro nacional, carrera que nunca ejerció. Fue asiduo colaborador en revistas y diarios madrileños, sobre todo en *El Sol,* y con el seudónimo de «Gerardo Rivera», en *La Voz.* Abandonó España a la terminación de la guerra civil en 1939, radicándose en Méjico. Es autor de una novela —*La túnica de Neso*— así como de una narración breve, *El hábito.* Ha publicado dos tomos de crítica literaria, *Crónicas de Gerardo Rivera* y *Nuevas crónicas de Gerardo Rivera.* También ha hecho una *Antología de la poesía española contemporánea.* Por último, se le deben ediciones de Espronceda, Fray Luis de León, Unamuno, *Cuentos de la vieja España,* y traducciones de Rilke (*Las Elegías de Duino*) y —en colaboración con su mujer, la poetisa Ernestina de Champourcín— de Emily Dickinson.

Obras: *Del poema eterno.* Con palabras iniciales de R. Pérez de Ayala. Madrid, Mateu, 1917 (2.ª edición, 1922); *Las interrogaciones del silencio.* Madrid, Mateu, 1918; *Poesías escogidas.* Madrid, Mateu, 1922; *La corporeidad de lo abstracto.* Prólogo de Enrique Díez Canedo. Madrid, Renacimiento, 1929; *El tacto fervoroso.* Madrid, CIAP, 1930; *Dédalo.* Madrid, Biblioteca Nueva, 1932; *Margen.* Madrid, Biblioteca Nueva, 1933; *Poesías completas (1915-1934).* Madrid, Signo, 1936; *Poesías escogidas (1915-1939).* México, La Casa de España en México, 1940; *Destierro.* México, Atlante, 1944; *Tercera elegía jubilar.* México, Atlante, 1944; *Pasión de sombra.* México, Atlante, 1944; *Tres elegías jubilares.* México, Centauro, 1946; *El diván de Abz-Ul-Agrib.* México, Centauro, 1946; *Exul umbra.* México, Stylo, 1948; *Perpetuo arraigo (1939-1949). México,* Signo, 1949 (incluye *Destierro, Pasión de sombra, Tres elegías jubilares, Exul umbra* y

La sombra desterrada); *La sombra desterrada*. México, Almendros, 1950; *Nueve sonetos y tres romances*. México, Atlante, 1952; *El extrañado* (1948-1957). México, Tezontle, 1958; *Poemas y fragmentos inéditos*. México, Ecuador 0º 0' 0", 1964; *El extrañado y otros poemas*. Prólogo de Gerardo Diego. Madrid, Adonais, 1969; *La sombra desterrada (1948-1950)*. Málaga, El Guadalhorce, 1969 (selección del libro del mismo título y de *Exul umbra*); *Poesía (1942-1958)*. Madrid, Editora Nacional, 1975.

Bibliografía

Artículos y estudios

Ángel del Río, «La poesía española de J. J. D.», en *Revista Hispánica Moderna,* III, 1937, págs. 212-16.

Carlos Murciano, «J. J. D.», en *Punta Europa,* núm. 49, 1960, páginas 114-16.

Concha Zardoya, «J. J. D., poeta de la sombra», en *Poesía española del siglo XX,* vol. III. Madrid, Gredos, 1974, páginas 180-94.

Richard P. Meux, «El destierro interior: la imagen del yo en la poesía de J. J. D.», en *Cuadernos Hispanoamericanos,* número 297. Madrid, marzo 1975, págs. 522-34.

(Véase también los libros mencionados en la «Bibliografía general» bajo los números 21, 73, 74 y 79.)

1

HASTÍO

Hastío —pajarraco
de mis horas—. ¡Hastío!
Te ofrendo mi futuro.

A trueque de los ocios
turbios que me regalas,
mi porvenir es tuyo.

No aguzaré las ramas
de mi intelecto, grave.
No forzaré mis músculos.

¡Como un dios, a la sombra
de mis actos —en germen,
sin realidad—, desnudo!

¡Como un dios —indolencia
comprensiva—, en la cumbre
rosada de mi orgullo!

¡Como un dios, solo y triste!
¡Como un dios, triste y solo!
¡Como un dios, solo y único!

2

Señor, ¿por qué pesa mi alma?
Sus manos débiles, de niña,
¡no pueden jugar con mi alma!

(De *La corporeidad de lo abstracto.)*

3

DISTANCIAS

Distancias.
En la vida hay distancias.

El hombre emite su aliento,
el limpio cristal se empaña.

El hombre acerca sus labios
al espejo...,
pero se le hiela el alma.

(Pero... se le hiela el alma.)

Distancias.
En la vida hay distancias.

(De *El tacto fervoroso.)*

DONCEL PÓSTUMO

Caliente amarillo: luto
de la faz desencajada;
contraluz que es atributo
y auge de presunta nada,

muerte! Por la hundida ojera
se asoma la calavera,
ojo avizor de un secreto
que estudia bajo la piel
su salida de doncel
póstumo: don de esqueleto.

(De *Margen.)*

5

En los almendros precoces
un candoroso aleluya.

Los tomillos tienen flor
y olor de niña desnuda.

Sólo los chopos más verdes
huelen a verdes de luna.

Los vericuetos del monte
suben y quieren que suba.

Como las vides, mi agraz
siente promesas de azúcar.

Los tomillos tienen flor
y olor de niña desnuda.

Sólo los chopos más verdes
huelen a verdes de luna.

(De *Curso solar.)*

6

DÁNAE[77]

Ya rosas, sí. Pasión en llama. Oler primicias
es júbilo. También el cuerpo, amanecido,
recién amanecido, nacido, es flor. Apenas
sabe su ayer. Ya vive su día y se deshoja
en pétalos fugaces de vanidad, gozoso.

Hondo solaz, o gloria perfecta: el sol me absorbe.
Ya soy lo que supuso mi ambición: elemento.
Elemento, latido de la luz, esto es, cántico.
La verdad que te colma, feliz: lluvia de oro.

(De *Elegías barrocas.*)

7

La vida —ayer rozagante
y erguida—, bajo la angustia,
pende ya flácida y mustia,
como un despojo colgante.
Ya no es su porte arrogante
ni audaz su paso: inseguro
marcha el hombre hacia el futuro
que, a trueque del esqueleto,
le ha de entregar su secreto:
la luz del dominio oscuro.

(De *Destierro.*)

---

[77] Hija de Acrisio, rey de Argos, y de Eurídice. Su padre la encerró en una torre de bronce, porque un oráculo había predicho que daría a luz un hijo que mataría a su abuelo. Pero Zeus la visitó convertido en lluvia de oro, y dio a luz a Perseo, que daría cumplimiento al oráculo.

8

NEVERMORE[78]

Ala de sombra, un cuervo —que crascita[79]
Nunca— repite su áspero graznido
a través de mi día mal vivido
y de mi noche a solas, infinita.

En su agorera convicción imita
mi doble desaliento persuadido
de que *nunca* la tierra que he tenido
podrá tenerme en pie, que está proscrita.

Nunca... Pico de grajo, el pensamiento
—corvo, corvino— escarba... Lo que siento
sólo puede decirse en ese *nunca*

—cuervo de negra luz, empobrecida
pitanza, interminable despedida—
que tiene el nombre de mi nombre: *Nunca.*

9

AÑORANZA

Radiante frío de diamante: enero
de Madrid! Nace el día, esmerilado,
mate, lechoso, como algodonado,
bajo un frío de noche, bajo cero.

A trasquila de sol, queda el cordero,
glacial y matinal, desvellonado.
Y el mediodía, limpio y bien tallado
en facetas de luz, como de acero.

---

[78] En inglés, «nunca más».
[79] *crascita,* grazna.

...Tendréis ahora el frío que yo quiero
—lúcido frío de Madrid—, helado
y transparente soplo de nevero,

de cumbre; Guadarrama derramado
en ese sol, tan solo, que yo espero
ardiendo a pleno sol y desolado!...

(De *Pasión de sombra.)*

10

Venimos de la noche, de la sombra
polvorienta, del odio rescoldado
a fuego lento, por la lenta alfombra
de la ceniza —polvo, triturado

residuo de un pasado que se nombra
con un nombre pretérito y dejado
de Dios, y que, tendido, desescombra
la sombra de su sueño derrumbado.

Venimos de la muerte sobre un resto
de vida que aún arrastra en su caída
su dispensada voluntad sin puesto.

¡Polvo en el polvo del camino, huida
sin fin! Venimos de la muerte en esto
—polvo en el polvo— que llamamos vida.

11

EPITAFIO

Y tú hombre veleidoso y firme consecuente
—que no es contrasentido ni paradoja—, estás
junto al placer humano del yacer, adyacente,

buscándote en lo rígido de tu cuerpo presente
la vida —tan movida— que te dejaste atrás.

(De *Exul umbra*[80].)

12

MAÑANA SERÁ DIOS

Esta yacija[81], donde se desploma
noche a noche el despojo de mí mismo
no es cauce para el sueño, sino abismo
al que mi angustia de caer se asoma.

La sábana, que cubre y que no toma
la forma de mi cuerpo, en su mutismo,
sin un pliegue de amor, dice lo mismo
que mi despego y en el mismo idioma.

...Mañana será Dios, y su porfía
sacudirá, violenta, al mal dormido
con su irrupción de polvo o nuevo día.

Aquí no hay alta noche, y, tras la hora
más oscura de un cielo descendido,
se enciende el sol, de pronto, sin aurora.

13

DOLOR HUMANO

Aquí en mi jaula estoy, con mi jauría
famélica. El escaso nutrimiento
de mi carne no sirve de sustento
a la voracidad en agonía

---

80 En latín, «Sombra desterrada».
81 *yacija,* lecho, sepultura.

de este tropel devorador que ansía
mi cuotidiano despedazamiento
y que ataraza [82], en busca de alimento,
mis huesos triturados, noche y día.

Pero no me lamento; no podría
dolerme yo, Señor, de mi tormento
junto a tu cruz, que blasfemar sería.

Múltiple fue tu compadecimiento,
—por todos tu sufrir—...y en mi agonía
no cabe más dolor que el que yo siento.

(De *La sombra desterrada.*)

[82] *atarazar,* morder o rasgar con los dientes.

Dámaso Alonso

Madrid, 1898. Además del título de doctor en Filosofía y Letras tiene la carrera de Derecho y comenzó la de Ciencias Exactas, que hubo de abandonar por motivos de salud. No cabe aquí reseñar su múltiple actividad de historiador literario, crítico, investigador, lingüista, filólogo, editor de clásicos, antólogo, traductor...; ni dar noticia puntual de todos los cargos, honores y recompensas acumulados a lo largo de su fecunda vida. Baste decir que ha sido profesor y conferenciante en las principales universidades de Europa y América. Ex catedrático de la Universidad de Valencia, desempeñó, desde la jubilación de Menéndez Pidal y hasta 1968, la cátedra de Filología Románica en la Central. Dirige la *Revista de Filología Española,* es miembro de las Reales Academias Española y de la Historia, doctor *honoris causa* de varias universidades extranjeras, y posee el Premio Nacional de Literatura, el Fastenrath y el de Ensayo de la Fundación March. En 1968 fue elegido presidente de la Real Academia Española.

Obras: *Poemas puros. Poemillas de la ciudad.* Madrid, Galatea, 1921; *El viento y el verso.* Madrid, pliego suelto de *Sí,* 1925; *Oscura noticia.* Madrid, Col. Adonais, Hispánica, 1944 (3.ª ed. junto con *Hombre y Dios,* Madrid, Col. Austral, Espasa-Calpe, 1959); *Hijos de la ira.* Madrid, Revista de Occidente, 1944 (2.ª ed. aumentada, Madrid, Col. Austral, Espasa-Calpe, 1946; 5.ª ed. con prólogo y notas de Elías L. Rivers, Barcelona, Labor, 1970); *Hombre y Dios.* Málaga, El arroyo de los ángeles, 1955; *Antología: Creación,* ed. de Vicente Gaos. Madrid, Escelicer, 1956 (contiene poemas de los libros inéditos *Canciones a pito solo* y *Gozos de la vista); Tres sonetos sobre la lengua castellana (con tres comentarios).* Madrid, Gredos, 1958; *Poemas escogidos,* con comentarios del autor. Madrid, Gredos, 1969; *Antología poética,* edición de José Luis Cano. Barcelona, Plaza-Janés, 1973.

Bibliografía

LIBROS

ELSIE ALVARADO DE RICARD, *La obra de D.A.* Madrid, Gredos, 1968.

MIGUEL JAROSLAW FLYS, *La poesía existencial de D.A.* Madrid, Gredos, 1969.

ANDREW DEBICKI, *D.A.* Nueva York, Twayne's World Author Series, 1970 (trad. española, Madrid, Ediciones Cátedra, 1974).

MIGUEL JAROSLAW FLYS, *Tres poemas de D.A.* Madrid, Gredos, 1974.

ARTÍCULOS Y ESTUDIOS

ORESTE MACRÍ, «La poesia di D.A.», en *Il Verri,* II, núm. 3, Milán, 1958, págs. 26-40.

VICENTE GAOS, «Itinerario poético de D.A.», en *Temas y problemas de literatura española,* Madrid, Guadarrama, 1959, páginas 321-37 (ahora, con «La poesía de D.A.», en *Claves de literatura española,* II, Madrid, Guadarrama, 1971, págs. 303-24).

JOSÉ OLIVIO JIMÉNEZ, «Diez años en la poesía de D.A. De *Hijos de la ira* a *Hombre y Dios»,* en *Boletín de la Academia Cubana de la Lengua,* VII, núms. 1-2, La Habana, 1958, páginas 78-100.

JOSÉ LUIS VARELA, «Ante la poesía de D.A.», en *Arbor,* XLV, número 172, Madrid, 1960, págs. 38-50 (recogido en *La palabra y la llama,* Madrid, Prensa Española, 1967).

DÁMASO SANTOS, «D.A. con su contradicción», en *Generaciones juntas,* Madrid, Bullón, 1962.

GIUSEPPE DE GENARO, «L'itinerario poetico di D.A.», en *Letture,* XVIII, núm. 2, Milán, 1963, págs. 83-96.

RICARDO GULLÓN, «El otro D.A.», en *Papeles de Son Armadans,* XXXVI, Madrid-Palma de Mallorca, 1965, págs. 167-96.

(Véanse también los libros mencionados en la «Bibliografía general» bajo los números 21, 36, 40, 47, 56, 62, 66, 68 y 79.)

Homenajes

Ínsula, XIII, núms. 138-139. Madrid, mayo-junio 1958.

Índice de Artes y Letras, XII, núm. 120. Madrid, diciembre 1958.

Papeles de Son Armadans, XI, núms. 32-33. Madrid-Palma de Mallorca, noviembre-diciembre 1958 (dedicado a D.A., Vicente Aleixandre y Federico García Lorca).

Homenaje Universitario a D.A. Madrid, Gredos, 1970.

Cuadernos Hispanoamericanos, núms. 280-282. Madrid, octubre-diciembre 1973.

Books Abroad. Primavera 1974.

1

CÓMO ERA

¿Cómo era, Dios mío, cómo era?

JUAN RAMÓN JIMÉNEZ

La puerta, franca.
Vino queda y suave.
Ni materia ni espíritu. Traía
una ligera inclinación de nave
y una luz matinal de claro día.

No era de ritmo, no era de armonía
ni de color. El corazón la sabe,
pero decir cómo era no podría
porque no es forma, ni en la forma cabe.

Lengua, barro mortal, cincel inepto,
deja la flor intacta del concepto
en esta clara noche de mi boda.

Y canta mansamente, humildemente,
la sensación, la sombra, el accidente,
mientras Ella me llena el alma toda.

2

CALLE DE ARRABAL

Se me quedó en lo hondo
una visión tan clara,
que tengo que entornar los ojos cuando
pretendo recordarla.

A un lado, hay un calvero de solares;
al otro, están las casas alineadas
porque esperan que de un momento a otro
la Primavera pasará.

Las sábanas,
aún goteantes, penden
de todas las ventanas.
El viento juega con el sol en ellas
y ellas ríen del juego y de la gracia.

Y hay las niñas bonitas
que se peinan al aire libre.

Cantan
los chicos de una escuela la lección.
Las once dan.

Por el arroyo pasa
un viejo cojitranco
que empuja su carrito de naranjas.

(De *Poemas puros. Poemillas de la ciudad.*)

3

EJEMPLOS

La veleta, la cigarra.
Pero el molino, la hormiga.

Muele pan, molino, muele.
Trenza, veleta, poesía.

Lo que Marta laboraba
se lo soñaba María[83].

Dios, no es verdad, Dios no supo
cuál de las dos prefería[84].

Porque Él era sólo el viento
que mueve y pasa y no mira.

(De *El viento y el verso.)*

4

SUEÑO DE LAS DOS CIERVAS

¡Oh terso claroscuro del durmiente!
Derribadas las lindes, fluyó el sueño.
Sólo el espacio.

Luz y sombra, dos ciervas velocísimas,
huyen hacia la hontana de aguas frescas,
centro de todo.

---

[83] Marta y María, las hermanas de Lázaro, resucitado por Cristo.

[84] Jesucristo señaló su preferencia por María con estas palabras: «Marta, Marta, tú te afanas y acongojas en muchísimas cosas; y a la verdad que una sola es necesaria. María ha escogido la mejor suerte...» Lucas, 10, 41.

¿Vivir no es más que el roce de su viento?
Fuga del viento, angustia, luz y sombra:
forma de todo.

Y las ciervas, las ciervas incansables,
flechas emparejadas hacia el hito,
huyen y huyen.

El árbol del espacio. (Duerme el hombre.)
Al fin de cada rama hay una estrella.
Noche: los siglos.

5

ORACIÓN POR LA BELLEZA DE UNA MUCHACHA

Tú le diste esa ardiente simetría
de los labios, con brasa de tu hondura,
y en dos enormes cauces de negrura,
simas de infinitud, luz de tu día;

esos bultos de nieve, que bullía
al soliviar [85] del lino la tersura,
y, prodigios de exacta arquitectura,
dos columnas que cantan tu armonía.

¡Ay, tú, Señor, le diste esa ladera
que en un álabe [86] dulce se derrama,
miel secreta en el humo entredorado!

¿A qué tu poderosa mano espera?
Mortal belleza eternidad reclama.
¡Dale la eternidad que le has negado!

(De *Oscura noticia.)*

---

[85] *soliviar,* ayudar a levantar una cosa por debajo.
[86] *álabe,* curva. Propiamente, rama de árbol combada —o alabeada— hacia la tierra.

6

INSOMNIO

Madrid es una ciudad de más de un millón de cadáveres (según las últimas estadísticas).
A veces en la noche yo me revuelco y me incorporo en este nicho en el que hace 45 años[87] que me pudro,
y paso largas horas oyendo gemir al huracán, o ladrar los perros, o fluir blandamente la luz de la luna.
Y paso largas horas gimiendo como el huracán, ladrando como un perro enfurecido, fluyendo como la leche de la ubre caliente de una gran vaca amarilla.
Y paso largas horas preguntándole a Dios, preguntándole por qué se pudre lentamente mi alma.
por qué se pudren más de un millón de cadáveres en esta ciudad de Madrid,
por qué mil millones de cadáveres se pudren lentamente en el mundo.
Dime, ¿qué huerto quieres abonar con nuestra podredumbre?
¿Temes que se te sequen los grandes rosales del día,
las tristes azucenas letales de tus noches?

7

VOZ DEL ÁRBOL

¿Qué me quiere tu mano?
¿Qué deseas de mí, dime, árbol mío?
...Te impulsaba la brisa: pero el gesto
era tuyo, era tuyo.

Como el niño, cuajado de ternura
que le brota en la entraña y que no sabe

---

[87] Edad real del poeta al componer este poema.

expresar, lentamente, tristemente,
me pasaste la mano por el rostro,
me acarició tu rama.

¡Qué suavidad había
en el roce! ¡Cuán tersa
debe de ser tu voz! ¿Qué me preguntas?
Di, ¿qué me quieres, árbol, árbol, mío?

La terca piedra estéril,
concentrada en su luto
—frenética mudez o grito inmóvil—,
expresa duramente,
llega a decir su duelo
a fuerza de silencio atesorado.

El hombre
—oh agorero croar, oh aullido inútil—
es voz en viento: sólo voz en aire.
Nunca el viento y la mar oirán sus quejas.
Ay, nunca el cielo entenderá su grito;
nunca, nunca, los hombres.

Entre el hombre y la roca,
¡con qué melancolía
sabes comunicarme tu tristeza,
árbol, tú, triste y bueno, tú el más hondo,
el más oscuro de los seres! ¡Torpe
condensación soturna [88]
de tenebrosos jugos minerales,
materia en suave hervor lento, cerrada
en voluntad de ser, donde lo inerte
con ardua afinidad de fuerzas sube
a total frenesí! ¡Tú, genio, furia,
expresión de la tierra dolorida,
que te eriges, agudo, contra el cielo,
como un ay, como llama,
como un clamor! Al fin monstruo con brazos,

[88] *soturna,* subterránea.

garras y cabellera:
¡oh suave, triste, dulce monstruo verde,
tan verdemente pensativo,
con hondura de tiempo,
con silencio de Dios!

No sé qué altas señales
lejanas, de un amor triste y difuso,
de un gran amor de nieblas y luceros,
traer querría tu ramita verde
que, con el viento, ahora
me está rozando el rostro.
Yo ignoro su mensaje
profundo. La he cogido, la he besado.
(Un largo beso.)
¡Mas no sé qué quieres
decirme!

8

MONSTRUOS

Todos los días rezo esta oración
al levantarme:

Oh Dios,
no me atormentes más.
Dime qué significan
estos espantos que me rodean.
Cercado estoy de monstruos
que mudamente me preguntan,
igual, igual que yo les interrogo a ellos.
Que tal vez te preguntan,
lo mismo que yo en vano perturbo
el silencio de tu invariable noche
con mi desgarradora interrogación.
Bajo la penumbra de las estrellas
y bajo la terrible tiniebla de la luz solar,
me acechan ojos enemigos,

formas grotescas me vigilan,
colores hirientes lazos me están tendiendo:
¡son monstruos,
estoy cercado de monstruos!
No me devoran.
Devoran mi reposo anhelado,
me hacen ser una angustia que se desarrolla a
sí misma,
me hacen hombre,
monstruo entre monstruos.

No, ninguno tan horrible
como este Dámaso[89] frenético,
como este amarillo ciempiés que hacia ti clama
con todos sus tentáculos enloquecidos,
como esta bestia inmediata
transfundida en una angustia fluyente,
no, ninguno tan monstruoso
como esta alimaña que brama hacia ti,
como esta desgarrada incógnita
que ahora te increpa con gemidos articulados,
que ahora te dice:
«Oh Dios,
no me atormentes más,
dime qué significan
estos monstruos que me rodean
y este espanto íntimo que hacie ti gime en la
noche».

(De *Hijos de la ira*[90].)

---

[89] Ver nota 21, pág. 101.
[90] Este libro lleva al frente la siguiente cita de San Pablo, *Epístola a los Efesios,* II, 3: ... *et eramus natura filii irae sicut et ceteri...:* «Y éramos por naturaleza hijos de ira, también como los demás.»

9

HOMBRE Y DIOS

Hombre es amor. Hombre es un haz, un centro
donde se anuda el mundo. Si Hombre falla,
otra vez el vacío y la batalla
del primer caos y el Dios que grita «Entro!»[91].

Hombre es amor, y Dios habita dentro
de ese pecho y, profundo, en él se acalla;
con esos ojos fisga, tras la valla,
su creación, atónitos de encuentro.

Amor-Hombre, total rijo sistema
yo (mi Universo). ¡Oh Dios, no me aniquiles
tú, flor inmensa que en mi insomnio creces!

Yo soy tu centro para ti, tu tema
de hondo rumiar, tu estancia y tus pensiles.
Si me deshago, tú desapareces.

10

A UN RÍO LE LLAMABAN CARLOS[92]

(Charles River, Cambrigde, Massachusetts.)

Yo me senté en la orilla:
quería preguntarte, preguntarme tu secreto;
convencerme de que los ríos resbalan hacia un anhelo
y viven;
y que cada uno nace y muere distinto (lo mismo que a
ti te llaman Carlos).

---

[91] Expresión usada en los juegos de naipes: «¡Disputo la puesta!»

[92] El *Charles River,* que pasa por Cambridge, barrio de Boston, capital del estado norteamericano de Massachusetts.

Quería preguntarte, mi alma quería preguntarte
por qué anhelas, hacia qué resbalas, para qué vives.
Dímelo, río.
y dime, di, por qué te llaman Carlos.

Ah, loco, yo, loco, quería saber qué eras, quién eras
(género, especie).
y qué eran, qué significaban «fluir», «fluido», «fluente»;
qué instante era tu instante;
cuál de tus mil reflejos, tu reflejo absoluto;
yo quería indagar el último recinto de tu vida;
tu unicidad, esa alma de agua única,
por la que te conocen por Carlos.

Carlos es una tristeza, muy mansa y gris, que fluye
entre edificios nobles, a Minerva sagrados [93],
y entre hangares que anuncios y consignas coronan.
Y el río fluye y fluye, indiferente.
A veces,. suburbana, verde, una sonrisilla
de hierba se distiende, pegada a la ribera.
Yo me he sentado allí, sobre la hierba quemada del
invierno, para pensar por qué los ríos
siempre anhelan futuro, como tú lento y gris.
Y para preguntarte por qué te llaman Carlos.

Y tú fluías, fluías, sin cesar, indiferente,
y no escuchabas a tu amante extático,
que te miraba preguntándote,
como miramos a nuestra primera enamorada para saber
si le fluye un alma por los ojos,
y si en su sima el mundo será todo luz blanca,
o si acaso su sonreír es sólo eso: una boca amarga que
besa.
Así te preguntaba, como le preguntamos a Dios en la
sombra de los quince años,
entre fiebres oscuras y los días —qué verano— tan
lentos.

---

[93] Los edificios de la Universidad de Harvard. Minerva: Diosa de la sabiduría.

Yo quería que me revelaras el secreto de la vida
y de tu vida, y por qué te llamaban Carlos.

Yo no sé por qué me he puesto tan triste, contemplando el fluir de este río.
Un río es agua, lágrimas: mas no sé quién las llora.
El río Carlos es una tristeza gris, mas no sé quién la llora.
Pero sé que la tristeza es gris y fluye.
Porque sólo fluye en el mundo la tristeza.
Todo lo que fluye es lágrimas.
Todo lo que fluye es tristeza, y no sabemos de donde viene la tristeza.
Como yo no sé quién te llora, río Carlos,
como yo no sé por qué eres una tristeza
ni por qué te llaman Carlos.

Era bien de mañana cuando yo me he sentado a contemplar el misterio fluyente de este río,
y he pasado muchas horas preguntándome, preguntándote.
Preguntando a este río, gris lo mismo que un dios;
preguntándome, como se le pregunta a un dios triste:
¿qué buscan los ríos?, ¿qué es un río?
Dime, dime qué eres, qué buscas,
río, y por qué te llaman Carlos.

Y ahora me fluye dentro una tristeza,
un río de tristeza gris,
con lentos puentes grises, como estructuras funerales grises.
Tengo frío en el alma y en los pies.
Y el sol se pone.
Ha debido pasar mucho tiempo.
Ha debido pasar el tiempo lento, lento, minutos, siglos, eras.
Ha debido pasar toda la pena del mundo, como un tiempo lentísimo.
Han debido pasar todas las lágrimas del mundo, como un río indiferente.

Ha debido pasar mucho tiempo, amigos míos, mucho tiempo.
desde que yo me senté aquí en la orilla, a orillas de esa tristeza, de ese
río al que le llamaban Dámaso [94], digo, Carlos.

(De *Hombre y Dios.)*

11

HERMANOS

Hermanos, los que estáis en lejanía
tras las aguas inmensas, los cercanos
de mi España natal, todos hermanos
porque habláis esta lengua que es la mía:

yo digo «amor», yo digo «madre mía»,
y atravesando mares, sierras, llanos,
—oh gozo— con sonidos castellanos,
os llega un dulce efluvio de poesía.

Yo exclamo «amigo», y en el Nuevo Mundo,
«amigo» dice el eco, desde donde
cruza todo el Pacífico, y aún suena.

Yo digo «Dios», y hay un clamor profundo;
y «Dios», en español, todo responde,
y «Dios», sólo «Dios», «Dios», el mundo llena.

(De *Tres sonetos sobre la lengua castellana con tres comentarios.)*

[94] Ver nota 21, pág. 101.

12

BÚSQUEDA DE LA LUZ. ORACIÓN

Yo digo
«forma». Y ellos extienden en silencio las manos
sarmentosas, y palpan con amor: tiernamente
intuyen, «ven» (a su manera). Yo les digo
«perspectiva», «relieve», y acarician los planos
de las mesas, o siguen las paredes y tocan
largamente la esquina. Se sonríen, comprenden
algo. Pero si digo «luz», se quedan absortos,
inclinan la cabeza, vencidos: no me entienden.
Saben, sí, que con luz los hombres van de prisa;
sin ella, como ciegos, a tientas; que la luz
es un agua más suave que llena los vacíos
y rebota en lo lleno de las cosas, o acaso
las traspasa muy dulcemente.

Dios mío, no
sabemos de tu esencia ni tus operaciones.
¿Y tu rostro? Nosotros inventamos imágenes
para explicarte, oh Dios inexplicable: como
los ciegos con la luz. Si en nuestra ciega noche
se nos sacude el alma con anhelos o espantos,
es tu mano de pluma o tu garra de fuego
que acaricia o flagela. No sabemos quién eres,
cómo eres. Carecemos de los ojos profundos
que pueden verte, oh Dios. Como el ciego en su poza [95],
para la luz. ¡Oh ciegos, todos! ¡Todos, sumidos
en tiniebla.

Los ciegos me preguntan «¿Cómo es
la luz»? Y yo querría pintarles, inventarles
qué plenitud es, cómo se funde con el cuerpo,
con el alma, llenándonos, embriaguez exacta
mediodía, mar llena, enorme flor sin pétalos,

---

[95] *poza,* charca.

mosto, delicias, escaparate de mil joyas
brillantes, cobertura del mundo hermoso, ingrávida
vibración exquisita. No, no saben, no pueden
comprender. Digo «rojo», «azul», «verde». No saben.
«Color»: no saben. Nunca recibió su cerebro
esa inundación súbita, ese riego glorioso
—bocanadas de luz, dicha, gloria, colores—
que me traspasa ahora: ahora que abro mis párpados
Maravilla sin límites: mar, cielo azul, follajes,
prados verdes, llanuras agostadas; la nieve
ardiendo entre las rosas rojas; o labios rojos
con sorbete de nieve.

Bendito seas, Dios mío.

Apiádate, Señor, de los ciegos, y dales
felicidad. No pido la tuya, la del éxtasis
invariable y blanco. Felicidad terrena
te pido. Engáñales —más que a los otros hombres—,
dales tus vinos suaves, leche y miel de tus granjas,
hasta que puedan verte. Hazlos niños del todo,
que jueguen y que rían. Embriágalos, palpando.
Que no sepan, Señor, tú puedes convertirles
su gran miseria en dicha. Ilumina los pozos
profundos donde nunca rayo de luz ha herido.
Oh inventor, crea, invéntales otra luz sin retina.
Hazlos pozos radiantes, noches iluminadas.

(De *Gozos de la vista*)

Vicente Aleixandre

Sevilla, 1898. Su infancia transcurrió en Málaga. Posteriormente se trasladó a Madrid, su lugar habitual de residencia. Hizo las carreras de Comercio y Derecho. Durante dos cursos explicó Derecho Mercantil en la Escuela de Intendentes Mercantiles de Madrid y trabajó en una compañía industrial. Una grave dolencia lo apartó de toda actividad, obligándole a vivir en el campo. Veranea de ordinario en el pueblo madrileño de Miraflores de la Sierra. Ha viajado por Inglaterra, Francia y Suiza. En 1933 obtuvo el Premio Nacional de Literatura por *La destrucción o el amor*. Desde 1949 es miembro de la Real Academia Española, donde ingresó pronunciando un discurso sobre *Vida del poeta: el amor y la poesía*. Es también autor de un estudio acerca de *Algunos caracteres de la nueva poesía española*. Ha obtenido el Premio de la Crítica en 1963 y 1969.

Obras: *Ámbito*. Málaga, Litoral, 1928; *Espadas como labios*. Madrid, Espasa-Calpe, 1932; *Pasión de la tierra* (prosa poética). México, Fábula, 1935; *La destrucción o el amor*. Madrid, Signo, 1935 (2.ª ed. con variantes. Madrid, Alhambra, 1945); *Sombra del paraíso*. Madrid, Adán, 1944; *Mundo a solas*. Madrid, Clan, 1950 (1.ª ed. completa, Zaragoza, Javalambre, 1970); *Poemas paradisíacos*. Málaga, El arroyo de los ángeles, 1952 (selección de *Sombra del paraíso); Nacimiento último*. Madrid, Ínsula, 1953; *Historia del corazón*. Madrid, Espasa-Calpe, 1954; *Mis poemas mejores*. Madrid, Gredos, 1956 (3.ª ed. 1968); *Los encuentros* (prosa poética). Madrid, Guadarrama, 1958; *Consumación*. Málaga, Imprenta Dardo, s.a.; *Poesías completas*, pról. de C. Bousoño. Madrid, Aguilar, 1960; *Poemas amorosos* (antología). Buenos Aires, Losada, 1960; *Picasso*. Málaga, Cuadernos de María Cristina, 1961; *Antigua casa madrileña*. Santander, P. Beltrán de Heredia editor, 1961; *En un vasto dominio.* Madrid, Revista de Occidente, 1962 (incluye *Antigua casa madrileña); Retratos con nombre.* Barcelona, El Bardo, 1965; *Presencias.* Barcelona, Seix Barral, 1965; *Dos vidas.* Málaga, Cuadernos de María José, 1967; *Obras completas,* pról. de C. Bousoño. Madrid, Aguilar, 1968; *Poemas de la consumación.* Barcelona, Plaza-Janés, 1968 (3.ª ed. 1974); *Antología del mar y de la noche.* Madrid, Al-Borak, 1971; *Poesía superrealista. Antología.* Barcelona, Barral, 1971; *Espadas como labios. La destrucción o el amor,* ed. de José Luis Cano. Madrid, Castalia, 1972; *Sonido de la guerra.* Valencia, Hontanar, 1972; *Diálogos del conocimiento.* Barcelona, Plaza-Janés, 1974 (incluye *Sonido de la guerra).*

Bibliografía

LIBROS

CARLOS BOUSOÑO, *La poesía de V.A.* Madrid, Ínsula, 1950 (3.ª ed. aumentada, Madrid, Gredos, 1968).

LEOPOLDO DE LUIS, *V.A.* Madrid, Epesa, 1970.

KESSEL SCHWARTZ, *V.A.* Nueva York, Twayne's World Author Series, 1970.

DARIO PUCCINI, *La parola poetica di V.A.* Roma, Mario Bulzoni, 1971.

HERNÁN GALILEA, *La poesía superrealista de V.A.* Santiago de Chile, Edit. Universitaria, 1971.

GABRIELE MORELLI, *Linguaggio poetico del primo Aleixandre.* Milán, Ciralpino-Goliardica, 1972.

ARTÍCULOS Y ESTUDIOS

VICENTE GAOS, «Fray Luis de León, 'fuente' de Aleixandre», en *Temas y problemas de literatura española,* Madrid, Guadarrama, 1959, págs. 341-59; ahora en *Claves de literatura española,* vol. II, Madrid, Guadarrama, 1971, págs. 325-40.

JOSÉ OLIVIO JIMÉNEZ, «V.A. en dos tiempos», en *Cinco poetas del tiempo,* Madrid, Ínsula, 1964, págs. 43-99 (2.ª ed. ampliada, ibíd., 1972).

JOSÉ OLIVIO JIMÉNEZ, «La poesía actual de V.A.», en *Revista de Occidente,* 2.ª época, núm. 77, Madrid, agosto 1969, páginas 212-30.

VICENTE MOLINA-FOIX, «V.A. 1924-1969», en *Cuadernos Hispanoamericanos,* núm. 242, Madrid, febrero 1970, págs. 281-99.

Luis Cernuda, «V.A.», en *Crítica, ensayos y evocaciones,* Barcelona, Seix Barral, 1970, págs. 211-33.
José Ángel Valiente, «El poder de la serpiente», en *Las palabras de la tribu,* Madrid, Siglo XXI, 1971, págs. 170-84.
(Véanse también los libros mencionados en la «Bibliografía general» bajo los números 20, 21, 28, 34, 36, 68, 74, 75, 79, 82 y 84.)

Homenajes

Corcel, núms. 5-6. Valencia, 1944.
Ínsula, núm. 50. Madrid, febrero 1950.
Papeles de Son Armadans, XI, núms. 32-33. Madrid-Palma de Mallorca, noviembre-diciembre 1958. (Dedicado a V.A., Dámaso Alonso y F. García Lorca.)
Cuadernos de Ágora, núms. 29-30. Madrid, marzo-abril 1959.
Índice de Artes y Letras, XIII, núm. 123. Madrid, 1959.
Homenaje a V.A. Barcelona, El Bardo, 1964.
Homenaje a V.A. Madrid, Ínsula, 1968.

1

NIÑEZ

Giro redondo, gayo [96],
vertiginoso, suelto,
sobre la arena. Excusas
entre los tiernos fresnos.

Sombras. La piel, despierta.
Ojos —sin mar— risueños.
Verdes sobre la risa.
Frente a la noche, negros.

Iris de voluntades.
Palpitación. Bosquejo.
Por entre lonas falsas
una verdad y un sueño.

Fuga por galería,
sin esperar. Diverso
todo el paisaje. Sumo,
claro techando, el cielo.

(De *Ámbito.)*

---

96 *gayo,* alegre, agradable, a la vista.

2

TORO

Esa mentira o casta.
Aquí, mastines, pronto; paloma, vuela; salta, toro,
toro de luna o miel que no despega.
Aquí, pronto; escapad, escapad; sólo quiero,
sólo quiero los bordes de la lucha.

Oh tú, toro hermosísimo, piel sorprendida,
ciega suavidad como un mar hacia adentro,
quietud, caricia, toro, toro de cien poderes,
frente a un bosque parado de espanto al borde.

Toro o mundo que no,
que no muge. Silencio;
vastedad de esta hora. Cuerno o cielo ostentoso,
toro negro que aguanta caricia, seda, mano.

Ternura delicada sobre una piel de mar,
mar brillante y caliente, anca pujante y dulce,
abandono asombroso del bulto que deshace
sus fuerzas casi cósmicas como leche de estrellas.

Mano inmensa que cubre celeste toro en tierra.

(De *Espadas como labios.*)

3

UNIDAD EN ELLA

Cuerpo feliz que fluye entre mis manos,
rostro amado donde contemplo el mundo,
donde graciosos pájaros se copian fugitivos,
volando a la región donde nada se olvida.

Tu forma externa, diamante o rubí duro,
brillo de un sol que entre mis manos deslumbra,
cráter que me convoca con su música íntima,
con esa indescifrable llamada de tus dientes.

Muero porque me arrojo, porque quiero morir,
porque quiero vivir en el fuego, porque este aire de [fuera
no es mío, sino el caliente aliento
que si me acerco quema y dora mis labios desde un [fondo.

Deja, deja que mire, teñido del amor,
enrojecido el rostro por tu purpúrea vida,
deja que mire el hondo clamor de tus entrañas
donde muero y renuncio a vivir para siempre.

Quiero amor o la muerte, quiero morir del todo,
quiero ser tú, tu sangre, esa lava rugiente
que regando encerrada bellos miembros extremos
siente así los hermosos límites de la vida.

Este beso en tus labios como una lenta espina,
como un mar que voló hecho un espejo,
como el brillo de un ala,
es todavía unas manos, un repasar de tu crujiente pelo,
un crepitar de luz vengadora,
luz o espada mortal que sobre mi cuello amenaza,
pero que nunca podrá destruir la unidad de este mundo.

4

SOY EL DESTINO

Sí, te he querido como nunca.

¿Por qué besar tus labios, si se sabe que la muerte está próxima,
si se sabe que amar es sólo olvidar la vida,

cerrar los ojos a lo oscuro presente
para abrirlos a los radiantes límites de un cuerpo?

Yo no quiero leer en los libros una verdad que poco
a poco sube como un agua,
renuncio a ese espejo que dondequiera las montañas
ofrecen,
pelada roca donde se refleja mi frente
cruzada por unos pájaros cuyo sentido ignoro.

No quiero asomarme a los ríos donde los peces colorados con el rubor de vivir,
embisten a las orillas límites de su anhelo,
ríos de los que unas voces inefables se alzan,
signos que no comprendo echado entre los juncos.

No quiero, no; renuncio a tragar ese polvo, esa tierra
dolorosa, esa arena mordida,
esa seguridad de vivir con que la carne comulga
cuando comprende que el mundo y este cuerpo
ruedan como ese signo que el celeste ojo no entiende.

No quiero, no, clamar, alzar la lengua,
proyectarla como esa piedra que se estrella en la frente,
que quiebra los cristales de esos inmensos cielos
tras los que nadie escucha el rumor de la vida.

Quiero vivir, vivir como la yerba dura,
como el cierzo o la nieve, como el carbón vigilante,
como el futuro de un niño que todavía no nace,
como el contacto de los amantes cuando la luna los
ignora.

Soy la música que bajo tantos cabellos
hace el mundo en su vuelo misterioso,
pájaro de inocencia que con sangre en las alas
va a morir en un pecho oprimido.

Soy el destino que convoca a todos los que aman,
mar único al que vendrán todos los radios amantes

que buscan su centro, rizados por el círculo
que gira como la rosa rumorosa y total.

Soy el caballo que enciende su crin contra el pelado
viento,
la gacela que teme al río indiferente,
el avasallador tigre que despuebla la selva,
el diminuto escarabajo que también brilla en el día.

Nadie puede ignorar la presencia del que vive,
del que en pie en medio de las flechas gritadas,
muestra su pecho transparente que no impide mirar,
que nunca será cristal a pesar de su claridad,
porque si acercáis vuestras manos, podréis sentir la
sangre.

5

LAS ÁGUILAS

El mundo encierra la verdad de la vida,
aunque la sangre mienta melancólicamente
cuando como mar sereno en la tarde
siente arriba el batir de las águilas libres.

Las plumas de metal,
las garras poderosas,
ese afán del amor o la muerte,
ese deseo de beber en los ojos con un pico de hierro,
de poder al fin besar lo exterior de la tierra,
vuela como el deseo,
como las nubes que a nada se oponen,
como el azul radiante, corazón ya de afuera
en que la libertad se ha abierto para el mundo.
Las águilas serenas
no serán nunca esquifes,
no serán sueño o pájaro,
no serán caja donde olvidar lo triste,
donde tener guardado esmeraldas u ópalos.

El sol que cuaja en las pupilas,
que a las pupilas mira libremente,
es ave inmarcesible, vencedor de los pechos
donde hundir su furor contra un cuerpo amarrado.

Las violentas alas
que azotan rostros como eclipses,
que parten venas de zafiro muerto,
que seccionan la sangre coagulada,
rompen el viento en mil pedazos,
mármol o espacio impenetrable
donde una mano muerta detenida
es el claror que en la noche fulgura.

Águilas como abismos,
como montes altísimos,
derriban majestades, troncos polvorientos,
esa verde hiedra que en los muslos
finge la lengua vegetal casi viva.

Se aproxima el momento en que la dicha consista
en desvestir de piel a los cuerpos humanos,
en que el celeste ojo victorioso
vea sólo a la tierra como sangre que gira.

Águilas de metal sonorísimo[97],
arpas furiosas con su voz casi humana,
cantan la ira de amar los corazones,
amarlos con las garras estrujando su muerte.

(De *La destrucción o el amor.)*

6

YA NO ES POSIBLE

No digas tu nombre emitiendo tu música
como una yerta lumbre que se derrama,

[97] Superlativo desusado, como otros de esta época: *solísimo,* etc.

como esa luna que en invierno reparte
su polvo pensativo sobre el hueso.

Deja que la noche estruje la ausencia de la carne,
la postrera desnudez que alguien pide;
deja que la luna ruede por las piedras del cielo
como un brazo ya muerto sin una rosa encendida.

Alguna luz ha tiempo olía a flores.
Pero no huele a nada.
No digáis que la muerte huele a nada,
que la ausencia del amor huele a nada,
que la ausencia del aire, de la sombra huelen a nada.

La luna desalojaba entonces, allá, remotamente, hace
[mucho,
desalojaba sombras e inundaba de fulgurantes rosas
esa región donde un seno latía.

Pero la luna es un hueso pelado sin acento.
No es una voz, no es un grito celeste.
Es su dura oquedad, pared donde sonaban,
muros donde el rumor de los besos rompía.

Un hueso todavía por un cielo de piedra
quiere rodar, quiere vencer su quietud extinguida.
Quiere empuñar aún una rosa de fuego
y acercarla a unos labios de carne que la abrasen.

(De *Mundo a solas.*)

7

CRIATURAS EN LA AURORA

Vosotros conocisteis la generosa luz de la inocencia.

Entre las flores silvestres recogisteis cada mañana
el último, el pálido eco de la postrer estrella.

Bebisteis ese cristalino fulgor,
que como una mano purísima
dice adiós a los hombres detrás de la fantástica presencia montañosa.
Bajo el azul naciente,
entre las luces nuevas, entre los puros céfiros primeros,
que vencían a fuerza de candor a la noche,
amanecisteis cada día, porque cada día la túnica casi húmeda
se desgarraba virginalmente para amaros,
desnuda, pura, inviolada.

Aparecisteis entre la suavidad de las laderas,
donde la yerba apacible ha recibido eternamente el beso instantáneo de la luna.
Ojo dulce, mirada repentina para un mundo estremecido
que se tiende inefable más allá de su misma apariencia.

La música de los ríos, la quietud de las alas,
esas plumas que todavía con el recuerdo del día se plegaron para el amor, como para el sueño,
entonaban su quietísimo éxtasis
bajo el mágico soplo de la luz,
luna ferviente que aparecida en el cielo
parece ignorar su efímero destino transparente.

La melancólica inclinación de los montes
no significaba el arrepentimiento terreno
ante la inevitable mutación de las horas:
era más bien la tersura, la mórbida superficie del mundo
que ofrecía su curva como un seno hechizado.

Allí vivisteis. Allí cada día presenciasteis la tierra,
la luz, el calor, el sondear lentísimo
de los rayos celestes que adivinaban las formas,
que palpaban tiernamente las laderas, los valles,
los ríos con su ya casi brillante espada solar,

acero vívido que guarda aún, sin lágrimas, la amarillez
tan íntima.
la plateada faz de la luna retenida en sus ondas.

Allí nacían cada mañana los pájaros,
sorprendentes, novísimos, vividores, celestes.
Las lenguas de la inocencia
no decían palabras:
entre las ramas de los altos álamos blancos
sonaban casi también vegetales, como el soplo en las
frondas.
¡Pájaros de la dicha inicial, que se abrían
estrenando sus alas, sin perder la gota virginal del
rocío!

Las flores salpicadas, las apenas brillantes florecillas
del soto,
eran blandas, sin grito, a vuestras plantas desnudas.
Yo os vi, os presentí cuando el perfume invisible
besaba vuestros pies, insensibles al beso.

¡No crueles: dichosos! En las cabezas desnudas
brillaban acaso las hojas iluminadas del alba.
Vuestra frente se hería, ella misma, contra los rayos
dorados, recientes, de la vida, del sol, del amor, del
silencio bellísimo.

No había lluvia, pero unos dulces brazos
parecían presidir a los aires,
y vuestros cuellos sentían su hechicera presencia,
mientras decíais palabras a las que el sol naciente daba
magia de plumas.

No, no es ahora cuando la noche va cayendo,
también con la misma dulzura pero con un levísimo
vapor de ceniza,
cuando yo correré tras vuestras sombras amadas.
Lejos están las inmarchitas horas matinales,
imagen feliz de la aurora impaciente,
tierno nacimiento de la dicha en los labios,

en los seres vivísimos que yo amé en vuestras márgenes.

El placer no tomaba el temeroso nombre de placer,
ni el turbio espesor de los bosques hendidos,
sino la embriagadora nitidez de las cañadas abiertas
donde la luz se desliza con sencillez de pájaro.

Por eso os amo, inocentes, amorosos seres mortales
de un mundo virginal que diariamente se repetía
cuando la vida sonaba en las gargantas felices
de las aves, los ríos, los aires y los hombres.

8

LOS BESOS

Sólo eres tú, continua,
graciosa, quien se entrega,
quien hoy me llama. Toma,
toma el calor, la dicha,
la cerrazón de bocas
selladas. Dulcemente
vivimos. Muere, ríndete.
Sólo los besos reinan:
sol tibio y amarillo,
riente, delicado,
que aquí muere, en las bocas
felices, entre nubes
rompientes, entre azules
dichosos, donde brillan
los besos, las delicias
de la tarde, la cima
de este poniente loco,
quietísimo, que vibra
y muere. —Muere, sorbe
la vida. —Besa. —Beso.
¡Oh mundo así dorado!

(De *Sombra del paraíso.)*

9

LOS AMANTES ENTERRADOS

Aún tengo
aquí mis labios sobre los tuyos. Muerta,
acabada, ¡acábate!
¡Oh libertad! Aquí oscuramente apretados,
bajo la tierra, revueltos con las densas raíces,
vivimos, sobevivimos, muertos, ahogados, nunca libres.
Siempre atados de amor, sin amor, muertos,
respirando ese barro cansado, ciegos, torpes,
prolongamos nuestra existencia, hechos ya tierra extinta,
confusa tierra pesada, mientras arriba libres
cantan su matinal libertad vivas hojas,
transcurridoras nubes
y un viento claro que otros labios besa
de los desnudos, puros, exentos amadores.

(De *Nacimiento último.*)

10

MANO ENTREGADA

Pero otro día toco su mano. Mano tibia.
Tu delicada mano silente. A veces cierro
mis ojos y toco leve tu mano, leve toque
que comprueba su forma, que tienta
su estructura, sintiendo bajo la piel alada el duro hueso
insobornable, el triste hueso adonde no llega nunca
el amor. Oh carne dulce, que sí se empapa del amor
hermoso.

Es por la piel secreta, secretamente abierta, invisiblemente entreabierta,
por donde el calor tibio propaga su voz, su afán dulce;

por donde mi voz penetra hasta tus venas tibias,
para rodar por ellas en tu escondida sangre,
como otra sangre que sonara oscura, que dulcemente
oscura te besara
por dentro, recorriendo despacio como sonido puro
ese cuerpo, que ahora resuena mío, mío poblado de mis
voces profundas,
oh resonado cuerpo de mi amor, oh poseído cuerpo,
oh cuerpo sólo sonido de mi voz poseyéndole.

Por eso, cuando acaricio tu mano, sé que sólo el
hueso rehúsa
mi amor —el nunca incandescente hueso del hombre—.
Y que una zona triste de tu ser se rehúsa,
mientras tu carne entera llega un instante lúcido
en que total flamea, por virtud de ese lento contacto
de tu mano,
de tu porosa mano suavísima que gime,
tu delicada mano silente, por donde entro
despacio, despacísimo, secretamente en tu vida,
hasta tus venas hondas totales donde bogo,
donde te pueblo y canto completo entre tu carne.

11

EN LA PLAZA

Hermoso es, hermosamente humilde y confiante, vi-
vificador y profundo,
sentirse bajo el sol, entre los demás, impelido,
llevado, conducido, mezclado, rumorosamente arrastrado.

No es bueno
quedarse en la orilla
como el malecón o como el molusco que quiere calcá-
reamente imitar a la roca.
Sino que es puro y sereno arrasarse en la dicha
de fluir y perderse,

encontrándose en el movimiento con que el gran corazón de los hombres palpita extendido.

Como ése que vive ahí, ignoro en qué piso,
y le he visto bajar por unas escaleras
y adentrarse valientemente entre la multitud y perderse.
La gran masa pasaba. Pero era reconocible el diminuto corazón afluido.
Allí, ¿quién lo reconocería? Allí con esperanza, con resolución o con fe, con temeroso denuedo,
con sienciosa humildad, allí él también
transcurría.

Era una gran plaza abierta, y había olor de existencia.
Un olor a gran sol descubierto, a viento rizándolo,
un gran viento que sobre las cabezas pasaba su mano,
su gran mano que rozaba las frentes unidas y las reconfortaba.

Y era el serpear que se movía
como un único ser, no sé si desvalido, no sé si poderoso,
pero existente y perceptible, pero cubridor de la tierra.

Allí cada uno puede mirarse y puede alegrarse y puede reconocerse.
Cuando, en la tarde caldeada, solo en tu gabinete,
con los ojos extraños y la interrogación en la boca,
quisieras algo preguntar a tu imagen,

no te busques en el espejo,
en un extinto diálogo en que no te oyes.
Baja, baja despacio y búscate entre los otros.
Allí están todos, y tú entre ellos.
Oh, desnúdate y fúndete, y reconócete.

Entra despacio, como el bañista que, temeroso, con mucho amor y recelo al agua,
introduce primero sus pies es la espuma,

y siente el agua subirle, y ya se atreve, y casi ya se decide.
Y ahora con el agua en la cintura todavía no se confía.
Pero él extiende sus brazos, abre al fin sus dos brazos y se entrega completo.
Y allí fuerte se reconoce, y crece y se lanza,
y avanza y levanta espumas, y salta y confía,
y hiende y late en las aguas vivas, y canta, y es joven.

Así, entra con pies desnudos. Entra en el hervor, en la plaza.
Entra en el torrente que te reclama y allí sé tu mismo.
¡Oh pequeño corazón diminuto, corazón que quiere latir.
para ser él también el unánime corazón que le alcanza!

(De *Historia del corazón.)*

12

ÓLEO («NIÑO DE VALLECAS[98]»)

A veces ser humano es difícil. Se nació casi al borde.
Helo aquí, y casi mira. Desde su estar inmóvil rompe el aire.
y asoma súbito a este frente: aquí es asombro.
Pues está y os contempla, o más, pide ser visto, y más: mirado, salvo.
Tiene su pelo mixto, cubriendo desigual la enorme masa,
y luego, más despacio, la mano de quien aquí lo puso trazó lenta la frente,
la inerte frente que sería y no fuese,
no era. La hizo despacio como quien traza un mundo
a oscuras, sin iluminación posible,
piedra en espacios que nació sin vida
para rodar externamente yerta.

---

[98] Famoso cuadro de Velázquez, conservado en el Museo del Prado.

Pero esa mano sabia, humana, más despacio lo hizo,
aquí lo puso como materia, y dándole
su calidad con tanto amor que más verdad sería:
sería más luces, y luz daba esa piedra.
La frente muerta dulcemente brilla,
casi riela en la penumbra, y vive.
Y enorme vela sobre unos ojos mudos,
horriblemente dulces, al fondo de su estar, vítreos sin
lágrima.

La pesada cabeza, derribada hacia atrás, mira, no
mira,
pues nada ve. La boca está entreabierta;
sólo por ella alienta, y los bracitos cortos juegan, ríen,
mientras la cara grande muerta, ofrécese.

La mano aquí lo pintó, o acarició
y más: lo respetó, existiendo.
Pues era. Y la mano apenas lo resumió exaltando
su dimensión veraz. Más templó el aire,
lo hizo más verdadero en su oquedad posible
para el ser, como una onda que límites se impone
y dobla suavemente en sus orillas.

Si le miráis le veréis hoy ardiendo
como en húmeda luz, todo él envuelto
en verdad, que es amor, y ahí adelantado, aducido,
pidiendo, suplicando sin voz: pide ser salvo.
Miradle, sí: salvadle. Él fía en el hombre.

(De *En un vasto dominio.)*

13

EL POETA SE ACUERDA DE SU VIDA

«Vivir, dormir, morir: soñar acaso.»
«Hamlet»

Perdonadme: he dormido.
Y dormir no es vivir. Paz a los hombres.
Vivir no es suspirar o presentir palabras que aún nos vivan.
¿Vivir en ellas? Las palabras mueren.
Bellas son al sonar, mas nunca duran.
Así esta noche clara. Ayer cuando la aurora,
o cuando el día cumplido estira el rayo
final, y da en tu rostro acaso.
Con un pincel de luz cierra tus ojos.
Duerme.
La noche es larga, pero ya ha pasado.

(De *Poemas de la consumación.)*

Luis Cernuda

Sevilla, 1902-Méjico, 1963. Cursó estudios en su ciudad natal, en la que fue alumno de Pedro Salinas. En 1925 obtiene la Licenciatura en Derecho, carrera que no llegará a ejercer. Lector de español en la Universidad de Toulouse (1928-29), abandonó España en 1938, trasladándose a Inglaterra, país en que permaneció ocho años, volviendo a ser lector de español en Glasgow (1939-43), Cambridge (1943-45), y profesor del Instituto Español en Londres (1945-47). Marchó a Estados Unidos, donde explicó en Mount Holyoke College (1947-52). Los últimos años de su vida —aunque volvió ocasionalmente de profesor visitante a Estados Unidos— transcurrieron en Méjico. Como crítico ha mostrado personalidad y agudeza en *Estudios sobre poesía española contemporánea* (1957), *Pensamiento poético en la lírica inglesa (Siglo XIX)* (1958), *Poesía y literatura, I y II* (1960, 1964) y *Crítica, ensayos y evocaciones* (1970). Es asimismo autor de *Tres narraciones* (1948) y traductor de *Poemas* de Hölderlin (1942) y de *Troilo y Crésida* de Shakespeare (1953).

Obras: *Perfil del aire.* Málaga, Litoral, 1927 (ed. crítica y estudio de D. R. Harris, Londres, Tamesis Books, 1971); *La invitación a la poesía.* Madrid, La tentativa poética, 1933; *Donde habite el olvido.* Madrid, Signo, 1934; *El joven marino.* Madrid, Héroe, 1936; *La realidad y el deseo.* 1.ª ed., Madrid, Cruz y Raya, 1936 (contiene «Primeras poesías», «Égloga, elegía, oda», «Un río, un amor», «Los placeres prohibidos», «Donde habite el olvido» e «Invocaciones a las gracias del mundo»); 2.ª ed. aumentada, México, Séneca, 1940 (añade «Las nubes»); 3.ª ed. aumentada, México, Fondo de Cultura Económica, 1958 (añade «Como quien espera el alba», «Vivir sin estar viviendo», «Con las horas contadas» y «Sin título, inacabada»); 4.ª ed. aumentada, México, Fondo de Cultura Económica, 1964 (añade, completo, «Desolación de la quimera», en sustitución de la sección «Sin título, inacabada» de la anterior edición); *Ocnos* (prosa poética). Londres, The Dolphin Press, 1942; 2.ª ed., Madrid, Ínsula, 1949; 3.ª ed. aumentada, Xalapa, Universidad Veracruzana, 1963; *Las nubes*. Buenos Aires, Roma de Oro, 1943; *Como quien espera el alba*. Buenos Aires, Losada, 1947; *Variaciones sobre tema mexicano* (prosa poética). México, Porrúa, 1952; *Poemas para un cuerpo*. Málaga, A quien conmigo va, 1957 (sección de «Con las horas contadas»); *Desolación de la quimera*. México, Joaquín Mortiz, 1962; *Antología poética*, introd. de R. Santos Torroella. Barcelona, Plaza-Janés, 1970; *Poesía completa*, ed. de Derek Harris y Luis Maristany. Barcelona, Barral, 1974; *Antología poética*, introd. de Philip Silver. Madrid, Alianza Editorial, 1975.

Bibliografía

Libros

Elizabeth Müller, *Die Dichtung Luis Cernudas*. Colonia, Kölner Romanistische Arbeiten, 1962.

Philip Silver, *«Et in Arcadia Ego». A Study in the Poetry of Luis Cernuda*. Londres, Tamesis Books, 1965 (trad. española con el título de *El poeta en su leyenda*, Madrid, Alfaguara, 1972).

Alexander Coleman, *Other Voices: A Study of the Late Poetry of L.C.* Chapel Hill, The University of North Carolina Press, 1969.

J. M. Capote Benot, *El período sevillano de L.C.* Madrid, Gredos, 1971.

Jacques Ancet, *L.C.* París, Seghers, 1972.

Derek Harris, *L.C. A Study of the Poetry*. Londres, Tamesis Books, 1973.

Artículos y estudios

Ricardo Gullón, «La poesía de L.C.», en *Asomante*, VI, 1950, número 2. págs. 34-54 y núm. 3, págs. 49-71.

Luis Cernuda, «Historial de un libro (La realidad y el deseo)», en *Poesía y literatura*, Barcelona-México, Seix Barral, 1960, páginas 231-80.

Octavio Paz, «La palabra edificante (L.C.)», en *Cuadrivio,* México, J. Mortiz, 1965.
José Olivio Jiménez, «Emoción y trascendencia del tiempo en la poesía de L.C.», en *Cinco poetas del tiempo,* Madrid, Ínsula, 1964, págs. 101-54 (2.ª ed. ampliada, ibíd., 1972).
J. M. Aguirre, «La poesía primera de L.C.», en *Hispanic Review,* XXXIV, 1966, págs. 121-34.
Carlos P. Otero, «Variaciones sobre un tema cernudiano», «La tercera salida de *La realidad y el deseo*», «La poesía de Altolaguirre y Cernuda» y «C. en California», en *Letras I.* Londres, Tamesis Books, 1966 (2.ª ed., Barcelona, Seix Barral, 1972).
Juan Goytisolo, «Cernuda y la crítica literaria española», en *El furgón de cola,* París, Ruedo Ibérico, 1967, págs. 83-97.
Juan Ferraté, «L.C. y el poder de las palabras», en *Dinámica de la poesía,* Barcelona, Seix Barral, 1968, págs. 335-58.
Gastón Baquero, «La poesía de L.C.», en *Darío, Cernuda y otros temas poéticos,* Madrid, Edit. Nacional, 1969, págs. 147-91.
José Ángel Valente, «L.C. y la poesía de la meditación», en *Las palabras de la tribu,* Madrid, Siglo XXI, 1971, págs. 127-43.
E. M. Wilson, «Cernuda's Debts», en *Studies in Modern Spanish Literature and Art Presented to Helen F. Grant,* Londres, Tamesis Books, 1972, págs. 239-53.
(Véanse también los libros mencionados en la «Bibliografía general» bajo los números 20, 21, 27, 36, 40, 62, 65, 68, 71, 74, 75, 79 y 82.)

Homenajes

Cántico, núms. 9-10. Córdoba, 1955.
La caña gris, núms. 6-8. Valencia, 1962. (Incluye una «Bibliografía sobre C.» hecha por Carlos Peregrín Otero.)
Cuadernos de Ágora, núms. 83-84. Madrid, septiembre-octubre 1963.
Nivel. Gaceta de cultura, 2.ª época, núm. 12. México, 25 diciembre 1963.
Ínsula, núm. 207. Madrid, febrero 1964.

1

Ninguna nube inútil,
Ni la fuga de un pájaro,
Estremece tu ardiente
resplandor azulado.

Así sobre la tierra
Cantas y ríes, cielo,
Como un impetuoso
Y sagrado aleteo.

Desbordando en el aire
Tantas luces altivas
Aclaras felizmente
Nuestra nada divina.

Y el acorde total
Da al universo calma.
Árboles a la orilla
Soñolienta del agua...

Sobre la tierra estoy;
Déjame estar. Sonrío
A todo el orbe; extraño
No le soy porque vivo.

(De *Primeras poesías.*)

2

NO DECÍA PALABRAS

No decía palabras,
Acercaba tan sólo un cuerpo interrogante,
Porque ignoraba que el deseo es una pregunta
Cuya respuesta no existe,
Una hoja cuya rama no existe,
Un mundo cuyo cielo no existe.

La angustia se abre paso entre los huesos,
Remonta por las venas
Hasta abrirse en la piel,
Surtidores de sueño
Hechos carne en interrogación vuelta a las nubes.
Un roce al paso,
Una mirada fugaz entre las sombras,
Bastan para que el cuerpo se abra en dos,
Ávido de recibir en sí mismo
Otro cuerpo que sueñe;
Mitad y mitad, sueño y sueño, carne y carne;
Iguales en figura, iguales en amor, iguales en deseo.
Aunque sólo sea una esperanza,
Porque el deseo es pregunta cuya respuesta nadie sabe.

(De *Los placeres prohibidos*.)

3

Yo fui.

Columna ardiente, luna de primavera.
Mar dorado, ojos grandes.

Busqué lo que pensaba;
Pensé, como al amanecer en sueño lánguido,
Lo que pinta el deseo en días adolescentes.

Canté, subí,
Fui luz un día
Arrastrado en la llama.

Como un golpe de viento
Que deshace la sombra,
Caí en lo negro,
En el mundo insaciable.

He sido.

(De *Donde habite el olvido*[99].)

4

HIMNO A LA TRISTEZA

Fortalecido estoy contra tu pecho
De augusta piedra fría,
Bajo tus ojos crepusculares,
Oh madre inmortal.
Desengañada alienta en ti mi vida,
Oyendo en el pausado retiro nocturno
Ligeramente resbalar las pisadas
De los días juveniles, que se alejan
Apacibles y graves, en la mirada,
Con una misma luz, compasión y reproche;
Y van tras ellos como irisado humo
Los sueños creados con mi pensamiento,
Los hijos del anhelo y la esperanza.

La soledad poblé de seres a mi imagen
Como un dios aburrido;
Los amé si eran bellos,
Mi compañía les di cuando me amaron,
Y ahora como ese mismo dios aislado estoy,
Inerme y blanco tal una flor cortada.

---

[99] Este título procede de un verso de las *Rimas* de Bécquer.

Olvidándome voy en este vago cuerpo,
Nutrido por las hierbas leves
Y las brillantes frutas de la tierra,
El pan y el vino alados,
En mi nocturno lecho a solas.

Hijo de tu leche sagrada,
El esbelto mancebo
Hiende con pie inconsciente
La escarpada colina,
Salvando con la mirada en ti
El laurel frágil y la espina insidiosa.

Al amante aligeras las atónitas horas
De su soledad, cuando en desierta estancia
La ventana, sobre apacible naturaleza,
Bajo una luz lejana,
Ante sus ojos nebulosos traza
Con renovado encanto verdeante
La estampa inconsciente de su dicha perdida.

Tú nos devuelves vírgenes las horas
Del pasado, fuertes bajo el hechizo
De tu mirada inmensa,
Como guerrero intacto
En su fuerza desnudo tras de broquel broncíneo,
Serenos vamos bajo los blancos arcos del futuro.

Ellos, los dioses, alguna vez olvidan
El tosco hilo de nuestros trabajados días,
Pero tú, celeste donadora recóndita,
Nunca los ojos quitas de tus hijos
Los hombres, por el mal hostigados.

Viven y mueren a solas los poetas,
Restituyendo en claras lágrimas
La polvorienta agua salobre,
Y en alta gloria resplandeciente
La esquiva ojeada del magnate henchido,
Mientras sus nombres suenan

con el viento en las rocas,
Entre el hosco rumor de torrentes oscuros,
Allá por los espacios donde el hombre
Nunca puso sus plantas.

¿Quién sino tú cuida sus vidas, les da fuerzas
Para alzar la mirada entre tanta miseria,
En la hermosura perdidos ciegamente?
¿Quién sino tú, amante y madre eterna?

Escucha cómo avanzan las generaciones
Sobre esta remota tierra misteriosa;
Marchan los hombres hostigados
Bajo la yerta sombra de los antepasados,
Y el cuerpo fatigado se reclina
Sobre la misma huella tibia
De otra carne precipitada en el olvido.

Luchamos por fijar nuestro anhelo,
Como si hubiera alguien más fuerte que nosotros,
Que tuviera en memoria nuestro olvido;
Porque dulce será anegarse
En un abrazo inmenso,
Vueltos niebla con luz, agua en la tormenta;
Grato ha de ser aniquilarse,
Marchitas en los labios las delirantes voces.
Pero aún hay algo en mí que te reclama
Conmigo hacia los parques de la muerte
Para acallar el miedo ante la sombra.

¿Dónde floreces tú, como vaga corola
Henchida del piadoso aroma que te alienta
En las nupcias terrenas con los hombres?
No eres hiel ni eres pena, sino amor de la justicia [imposible,
Tú, la compasión humana de los dioses.

(De *Invocaciones a las gracias del mundo.*)

5

LA VISITA DE DIOS

Pasada se halla ahora la mitad de mi vida.
El cuerpo sigue en pie y las voces aún giran
Y resuenan con encanto marchito en mis oídos,
Mas los días esbeltos ya se marcharon lejos;
Sólo recuerdos pálidos de su amor me han dejado.
Como el labrador al ver su trabajo perdido
Vuelve al cielo los ojos esperando la lluvia,
También quiero esperar en esta hora confusa
Unas lágrimas que aviven mi cosecha.

Pero hondamente fijo queda el desaliento,
Como huésped oscuro de mis sueños.
¿Puedo esperar acaso? Todo se ha dado al hombre
Tal distracción efímera de la existencia;
A nada puede unir esta ansia suya que reclama
Una pausa de amor entre la fuga de las cosas.
Vano sería dolerse del trabajo, la casa, los amigos
[perdidos
En aquel gran negocio demoníaco de la guerra.

Estoy en la ciudad alzada para su orgullo por el rico,
Adonde la miseria oculta canta por las esquinas
O expone dibujos que me arrasan de lágrimas los ojos.
Y mordiendo mis puños con tristeza impotente
Aún cuento mentalmente mis monedas escasas,
Porque un trozo de pan aquí y unos vestidos
Suponen un esfuerzo mayor para lograrlos
Que el de los viejos héroes cuando vencían
Monstruos, rompiendo encantos con su lanza.

La revolución renace siempre, como un fénix
Llameante en el pecho de los desdichados.
Esto lo sabe el charlatán bajo los árboles
De las plazas, y su baba argentina, su cascabel sonoro.

Silbando entre las hojas, encanta al pueblo
Robusto y engañado con maligna elocuencia,
Y canciones de sangre acunan su miseria.

Por mi dolor comprendo que otros inmensos sufren
Hombres callados a quienes falta el ocio
Para arrojar al cielo su tormento. Mas no puedo
Copiar su enérgico silencio, que me alivia
Este consuelo de la voz, sin tierra y sin amigo,
En la profunda soledad de quien no tiene
Ya nada entre sus brazos, sino el aire en torno,
Lo mismo que un navío al alejarse sobre el mar.

¿Adónde han ido las viejas compañeras del hombre?
Mis zurcidoras de proyectos, mis tejedoras de esperan-
[zas
Han muerto. Sus agujas y maderas reposan
Con polvo en un rincón, sin la melodía del trabajo.
Como una sombra aislada al filo de los días,
Voy repitiendo gestos y palabras mientras lejos escucho
El inmenso bostezo de los siglos pasados.

El tiempo, ese blanco desierto ilimitado,
Esa nada creadora, amenaza a los hombres
Y con luz inmortal se abre ante los deseos juveniles.
Unos quieren asir locamente su mágico reflejo,
Mas otros le conjuran con un hijo
Ofrecido en los brazos como víctima,
Porque de nueva vida se mantiene su vida
Como el agua del agua llorada por los hombres.

Pero a ti, Dios, ¿con qué te aplacaremos?
Mi sed eras tú, tú fuiste mi amor perdido,
Mi casa rota, mi vida trabajada, y la casa y la vida
De tantos hombres como yo a la deriva
En el naufragio de un país. Levantados de naipes,
Uno tras otro iban cayendo mis pobres paraísos.
¿Movió tu mano el aire que fuera derribándolos
Y tras ellos, en el profundo abatimiento, en el hondo
[vacío,
Se alza al fin ante mí la nube que oculta tu presencia?

No golpees airado mi cuerpo con tu rayo;
Si el amor no eras tú, ¿quién lo será en tu mundo?
Compadécete al fin, escucha este murmullo
Que ascendiendo llega como una ola
Al pie de tu divina indiferencia.
Mira las tristes piedras que llevamos
Ya sobre nuestros hombros para enterrar tus dones:
La hermosura, la verdad, la justicia, cuyo afán impo-
[sible
Tú solo eras capaz de infundir en nosotros.
Si ellas murieran hoy, de la memoria tú te borrarías
Como un sueño remoto de los hombres que fueron.

(De *Las nubes.)*

6

GÓNGORA[100]

El andaluz envejecido que tiene gran razón para su orgullo,
El poeta cuya palabra lúcida es como diamante,
Harto de fatigar sus esperanzas por la corte,
Harto de su pobreza noble que le obliga
A no salir de casa cuando el día, sino al atardecer, ya que las sombras,
Más generosas que los hombres, disimulan
En la común tiniebla parda de las calles
La bayeta caduca de su coche y el tafetán delgado de su traje;
Harto de pretender favores de magnates,
Su altivez humillada por el ruego insistente,
Harto de los años tan largos malgastados
En perseguir fortuna lejos de Córdoba la llana y de su muro excelso,

[100] Poeta español nacido en Córdoba en 1561 y fallecido en la misma ciudad en 1627.

Vuelve al rincón nativo para morir tranquilo y silencioso.
Ya restituye el alma a soledad sin esperar de nadie
Si no es de su conciencia, y menos todavía
De aquel sol invernal de la grandeza
Que no atempera el frío del desdichado.
Y aprende a desearles buen viaje
A príncipes, virreyes, duques altisonantes,
Vulgo luciente no menos estúpido que el otro;
Ya se resigna a ver pasar la vida tal sueño inconsciente
Que el alba desvanece, a amar el rincón solo
Adonde conllevar paciente su pobreza,
Olvidando que tantos menos dignos que él, como la bestia ávida
Toman hasta saciarse la parte mejor de toda cosa,
Dejándole la amarga, el desengaño del paria.

Pero en la poesía encontró siempre, no tan sólo hermosura, sino ánimo,
La fuerza del vivir más libre y más soberbio,
Como un neblí [101] que deja el puño duro para buscar las nubes
Traslúcidas de oro allá en el cielo alto.
Ahora el reducto último de su casa y su huerto le alcanzan todavía
Las piedras de los otros [102], salpicaduras tristes
Del aguachirle caro para las gentes
Que forman el común y como público son árbitro de gloria.
Ni aun esto Dios le perdonó en la hora de su muerte.
Decretado es al fin que Góngora jamás fuera poeta,
Que amó lo oscuro [103] y vanidad tan sólo le dictó sus versos.

---

[101] Ave de rapiña muy estimada para la caza de cetrería, esto es, la hecha con aves.

[102] Góngora fue objeto de muchos ataques por parte, entre otros, de Lópe de Vega y de Quevedo.

[103] Cascales lo había llamado «príncipe de tinieblas», por la oscuridad de sus poemas barrocos, las *Soledades* y el *Polifemo*.

Menéndez y Pelayo [104], el montañés henchido por sus dogmas,
No gustó de él y le condena con fallo inapelable.

Viva pues Góngora, puesto que así los otros
Con desdén le ignoraron, menosprecio
Tras del cual aparece su palabra encendida
Como estrella perdida en lo hondo de la noche,
Como metal insomne en las entrañas de la tierra.
Ventaja grande es que esté ya muerto
Y que de muerto cumpla los tres siglos [105], que así pueden
Los descendientes mismos de quienes le insultaban
Inclinarse a su nombre, dar premio al erudito,
Sucesor del gusano, royendo su memoria.
Mas él no transigió en la vida ni en la muerte
Y a salvo puso su alma irreductible
Como demonio arisco que ríe entre negruras.

Gracias demos a Dios por la paz de Góngora vencido;
Gracias demos a Dios por la paz de Góngora exaltado;
Gracias demos a Dios que supo devolverle (como hará con nosotros),
Nulo al fin, ya tranquilo, entre su nada.

7

NOCHE DEL HOMBRE Y SU DEMONIO

D: Vive la madrugada. Cobra tu señorío.
Percibe la existencia en dolor puro.
Ahora el alma es oscura, y los ojos no hallan
Sino tiniebla en torno. Es ésta la hora cierta
Para hablar de la vida, la vida tan amada.
Si al Dios de quien es obra le reprochas

---

[104] Gran polígrafo español nacido en Santander —la Montaña— (1856-1912).

[105] Para la significación del tricentenario de la muerte de Góngora, ver Introducción.

Que te la diera limitada en muerte,
Su don en sueños no malgastes. Hombre, despierta.

H: Entre los brazos de mi sueño estaba
Aprendiendo a morir. ¿Por qué me acuerdas?[106]
¿Te inspira acaso envidia el sueño humano?
Amo más que la vida este sosiego a solas,
Y tú me arrancas de él, para volverme
Al carnaval de sombras, por el cual te deslizas
Con ademán profético y paso insinuante
Tal ministro en desgracia. No quiero verte. Déjame.

D: No sólo forja el hombre a imagen propia
Su Dios, aún más se le asemeja su demonio.
Acaso mi apariencia no concierte
Con mi poder latente: aprendo hipocresía,
Envejezco además, y ya desmaya el tiempo
El huracán sulfúreo de las alas
En el cuerpo del ángel que fui un día.
En mí tienes espejo. Hoy no puedo volverte
La juventud huraña que de ti ha desertado.

H: En la hora feliz del hombre, cuando olvida,
Aguzas mi conciencia, mi tormento;
Como enjambre irritado los recuerdos atraes;
Con sarcasmo mundano suspendes todo acto,
Dejándolo incompleto, nulo para la historia,
Y luego, comparando cuánto valen
Ante un chopo con sol en primavera
Los sueños del poeta, susurras cómo el sueño
Es de esta realidad la sombra inútil.

D: Tu inteligencia se abre entre el engaño:
Es como flor a un viejo regalada,
Y a poco que la muerte se demore,
Ella será clarividente un día.
Mas si el tiempo destruye la sustancia,
Que aquilate la esencia ya no importa.

---

[106] ¿Por qué me despiertas?

Ha sido la palabra tu enemigo:
Por ella de estar vivo te olvidaste.

H: Hoy me reprochas el culto a la palabra.
¿Quién si no tú puso en mí esa locura?,
El amargo placer de transformar el gesto
En són, sustituyendo el verbo al acto,
Ha sido afán constante de mi vida.
Y mi voz no escuchada, o apenas escuchada,
Ha de sonar aún cuando yo muera,
Sola, como el viento en los juncos sobre el agua.

D: Nadie escucha una voz, tú bien lo sabes.
¿Quién escuchó jamás la voz ajena
Si es pura y está sola? El histrión elocuente,
El hierofante[107] vano miran crecer el corro
Propicio a la mentira. Ellos viven, prosperan:
Tú vegetas sin nadie. El mañana ¿qué importa?
Cuando a ellos les olvide el destino, y te recuerde,
Un hombre tú serás, un són, un aire.

H: Me hieres en el centro más profundo,
Pues conoces que el hombre no tolera
Estar vivo sin más: como en un juego trágico
Necesita apostar su vida en algo,
Algo de que alza un ídolo, aunque con barro sea,
Y antes que confesar su engaño, quiere muerte.
Mi engaño era inocente, y a nadie arruinaba
Excepto a mí, aunque a veces yo mismo lo veía.

D: Siento esta noche nostalgia de otras vidas.
Quisiera ser el hombre común de alma letárgica
Que extrae de la moneda beneficio,
Deja semilla en la mujer legítima,
Sumisión cosechando con la prole,
Por pública opinión ordena su conciencia
Y espera en Dios, pues frecuentó su templo.

---

[107] Sacerdote de Grecia que dirigía las ceremonias. Por extensión, maestro de materias recónditas.

H: ¿Por qué de mí haces burla duramente?
Si pierde su sabor la sal del mundo
Nada podrá volvérselo, y tú no existirías
Si yo fuese otro hombre más feliz acaso,
Bien que no es la cuestión el ser dichoso.
Amo el sabor amargo y puro de la vida,
Ese sentir por otros la conciencia
Aletargada en ellos, con su remordimiento,
Y aceptar los pecados que ellos mismos rechazan.

D: Pobre asceta irrisorio, confiesa cuánto halago
Ofrecen el poder y la fortuna:
Alas para cernerse al sol, negar la zona
En sombra de la vida, gratificar deseos,
Con dúctil amistad verse fortalecido,
Comprarlo todo, ya que todo está en venta,
Y contemplando la miseria extraña
Hacer más delicado el placer propio.

H: Dos veces no se nace, amigo. Vivo al gusto
de Dios. ¿Quién evadió jamás a su destino?
El mío fue explorar esta extraña comarca,
Contigo siempre a zaga, subrayando
Con tu sarcasmo mi dolor. Ahora silencio,
Por si alguno pretende que me quejo: es más digno
Sentirse vivo en medio de la angustia
Que ignorar con los grandes de este mundo,
Cerrados en su limbo tras las puertas de oro.

D: Después de todo, ¿quién dice que no sea
Tu Dios, no tu demonio, el que te habla?
Amigo ya no tienes si no es éste
Que te incita y despierta, padeciendo contigo.
Mas mira cómo el alba a la ventana
Te convoca a vivir sin ganas otro día.
Pues el mundo no aprueba al desdichado,
Recuerda la sonrisa y, como aquel que aguarda,
Álzate y ve, aunque aquí nada esperes.

(De *Como quien espera el alba.*)

8

PEREGRINO

¿Volver? Vuelva el que tenga,
Tras largos años, tras un largo viaje,
Cansancio del camino y la codicia
De su tierra, su casa, sus amigos,
Del amor que al regreso fiel le espere.
Mas, ¿tú? ¿Volver? Regresar no piensas,
Sino seguir libre adelante,
Disponible por siempre, mozo o viejo,
Sin hijo que te busque, como a Ulises,
Sin Ítaca que aguarde y sin Penélope[108]
Sigue, sigue adelante y no regreses,
Fiel hasta el fin del camino y tu vida,
No eches de menos un destino más fácil,
Tus pies sobre la tierra antes no hollada,
Tus ojos frente a lo antes nunca visto.

(De *Desolación de la quimera.)*

---

108 Homero. en la *Odisea,* narra las aventuras de Ulises (u Odiseo), rey de Itaca, en el viaje de retorno a su patria (tras haber participado en la guerra de Troya), donde lo esperaban su esposa, Penélope, y el hijo de ambos, Telémaco.

Emilio Prados

Málaga, 1899-Méjico, 1962. Con Manuel Altolaguirre, en 1926 fundó y dirigió en su ciudad nativa la revista *Litoral*. Afectado por una grave enfermedad pulmonar, pasa una larga temporada en el sanatorio de Davosplatz (Suiza). Cursó estudios en las universidades alemanas de Friburgo y Berlín. De ordinario vivió en Málaga y en Madrid hasta 1936. Terminada la guerra civil en 1939, se expatrió marchando a América y fijando su residencia en Méjico.

Obras: *Tiempo*. Málaga, Imprenta Sur, 1925; *Canciones del farero*. Málaga, Litoral, 1926 (2.ª ed. Málaga, El Guadalhorce, 1960); *Vuelta*. Málaga, Litoral, 1927; *El llanto subterráneo*. Madrid, Héroe, 1936; *Llanto en la sangre. Romances 1939-1936*. Valencia, Ediciones Españolas, 1937; *Cancionero menor para los combatientes*. Ediciones literarias del Comisario del Ejército del Este, 1938; *Memoria del olvido*. México, Séneca, 1940; *Mínima muerte*. México, Tezontle, 1944; *Jardín cerrado*. Pról. de Juan Larrea. México, Cuadernos Americanos, 1946 (2.ª ed. Buenos Aires, Losada, 1960); *Dormido en la yerba*. Málaga, El arroyo de los ángeles, 1953 (selección de *Jardín cerrado); Antología (1923-1953)*. Buenos Aires, Losada, 1954 (contiene poemas de *Tiempo, El misterio del agua, Memoria de poesía, Cuerpo perseguido, La voz cautiva, Andando, andando por el mundo, Llanto en la sangre, Penumbras, Mínima muerte, Jardín cerrado* y *Río natural); Circuncisión del sueño*. México, Fondo de Cultura Económica, 1957; *Río natural*. Buenos Aires, Losada, 1957; *La piedra escrita*. México, Universidad Nacional Autónoma, 1961; *La sombra abierta*. México, Ecuador 0º 0' 0", 1961; *Signos del ser*. Palma de Mallorca, Papeles de Son Armadans, 1962; *Transparencias*. Málaga, Cuadernos de María Cristina, 1962; *Últimos poemas*. Málaga, El Guadalhorce, 1965; *Cuerpo perseguido*, ed. de C. Blanco Aguinaga. Barcelona, Labor, 1971.

Bibliografía

Artículos y estudios

P. Francisco Aparicio, «La soledad de E.P.», en *Caracola*, número 49, Málaga, noviembre 1956.

Carlos Blanco Aguinaga, «E. P. Vida y obra. Bibliografía», en *Revista Hispánica Moderna*, XXVI, Nueva York, julio-octubre 1960, págs. 1-107.

María Zambrano, «El poeta de la muerte. E.P.», en *España, sueño y realidad*. Barcelona, Edhasa, 1965, págs. 161-71.

Carlos Blanco Aguinaga, *Lista de los papeles de E.P. en la Biblioteca del Congreso de EE.UU.* Baltimore, The John Hopkins Press, 1967.

Juan Cano Ballesta, «Poesía y revolución: E.P. (1930-1936)», en *Homenaje universitario a Dámaso Alonso*. Madrid, Gredos, 1970, págs. 239-48.

Antonio Carreira, «La primera salida de E.P.», en *Homenaje universitario a Dámaso Alonso*. Ibíd., págs. 221-30.

(Véanse también los libros mencionados en la «Bibliografía general» bajo los números 21, 40, 62, 65, 68, 73 y 79.)

Homenajes

Insula. núm. 187. Madrid, junio 1962.

Cuadernos de Ágora, núms. 71-72. Madrid, septiembre-octubre 1962.

Litoral, núms. 13-14. Málaga, julio 1970. (Dedicado a E.P. y Manuel Altolaguirre.)

1

VEGA EN CALMA

(Cártama[109]*, 3 de agosto.)*

Cielo gris.
Suelo rojo...
De un olivo a otro
vuela el tordo.

(En la tarde hay un sapo
de ceniza y de oro.)

Suelo gris.
Cielo rojo...

Quedó la luna enredada
en el olivar.

¡Quedó la luna olvidada!

(De *Tiempo.*)

2

INVITACIÓN A LA MUERTE

Ven, méteme la mano
por la honda vena oscura de mi carne.
Dentro, se cuajará tu brazo

[109] Pueblo de la provincia de Málaga.

con mi sombra;
se hará piedra de noche,
seca raíz de sangre..

Coagulada la fuente de mi pecho,
para pedir tu ayuda
subirá a mi garganta.

¡Niégasela si es vida!
¡Clávame más tu brazo!...
¡Crúzamelo!
¡Atraviésame!

Aunque me cueste el árbol de mi cuerpo,
condúceme a ti, muerte.

(De *Memoria de poesía.*)

3

ALBA RÁPIDA

¡Pronto, de prisa, mi reino,
que se me escapa, que huye,
que se me va por las fuentes!
¡Qué luces, qué cuchilladas
sobre sus torres enciende!
Los brazos de mi corona,
¡qué ramas al cielo tienden!
¡Qué silencios tumba el alma!
¡Qué puertas cruza la Muerte!
¡Pronto, que el reino se escapa!
¡Que se derrumban mis sienes!
¡Qué remolino en mis ojos!
¡Qué galopar en mi frente!
¡Qué caballos de blancura
mi sangre en el cielo vierte!
Ya van por el viento, suben,
saltan por la luz, se pierden
sobre las aguas...

Ya vuelven
redondos, limpios, desnudos...
¡Qué primavera de nieve!

Sujetadme el cuerpo, ¡pronto!
¡que se me va, ¡que se pierde
su reino entre mis caballos!
¡que lo arrastran!, ¡que lo hieren!
¡que lo hacen pedazos, vivo,
bajo sus cascos celestes!
¡Pronto, que el reino se acaba!
¡Ya se le tronchan las fuentes!
¡Ay, limpias yeguas del aire!
¡Ay, banderas de mi frente!
¡Qué galopar en mis ojos!
Ligero, el mundo amanece...

(De *Cuerpo perseguido.*)

4

CANCIÓN

No es lo que está roto, no,
el agua que el vaso tiene:
lo que está roto es el vaso
y, el agua, al suelo se vierte.

No es lo que está roto, no,
la luz que sujeta al día:
lo que está roto es el tiempo
y en la sombra se desliza.

No es lo que está roto, no,
la sangre que te levanta:
lo que está roto es tu cuerpo
y en el sueño te derramas.

No es lo que está roto, no,
la caja del pensamiento:

lo que está roto es la idea
que la lleva a lo soberbio.

No es lo que está roto Dios,
ni el campo que Él ha creado:
lo que está roto es el hombre
que no ve a Dios en su campo.

(De *Llanto en la sangre.*)

5

DORMIDO EN LA YERBA

Todos vienen a darme consejo.
Yo estoy dormido junto a un pozo.

Todos se acercan y me dicen:
—La vida se te va,
y tú te tiendes en la yerba,
bajo la luz más tenue del crepúsculo,
atento solamente
a mirar cómo nace
el temblor del lucero
o el pequeño rumor
del agua, entre los árboles.

Y tú te tiendes sobre la yerba:
cuando ya tus cabellos
comienzan a sentir
más cerca y fríos que nunca,
la caricia y el beso
de la mano constante
y sueño de la luna.

Y tú te tiendes sobre la yerba:
cuando apenas si puedes
sentir en tu costado
el húmedo calor

del grano que germina
y el amargo crujir
de la rosa ya muerta.

Y tú te tiendes sobre la yerba:
cuando apenas si el viento
contiene su rigor,
al mirar en ruina
los muros de tu espalda,
y, el sol, ni se detiene
a leventar tu sangre del silencio.

Todos se acercan y me dicen:
—La vida se te va.
Tú, vienes de la orilla
donce crece el romero y la alhucema
entre la nieve y el jazmín, eternos,
y, es un mar todo espumas
lo que aquí te ha traído
por que nos hables...
Y tú te duermes sobre la yerba.

Todos se acercan para decirme:
—Tú duermes en la tierra
y tu corazón sangra
y sangra, gota a gota
ya sin dolor, encima de tu sueño,
como en lo más oculto
del jardín, en la noche,
ya sin olor, se muere la violeta.
Todos vienen a darme consejo.
Yo estoy dormido junto a un pozo.

Sólo, si algún amigo
se acerca, y, sin pregunta
me da un abrazo entre las sombras:
lo llevo hasta asomarnos
al borde, juntos, del abismo,
y, en sus profundas aguas,
ver llorar a la luna y su reflejo,

que más tarde ha de hundirse
como piedra de oro,
bajo el otoño frío de la muerte.

(De *Jardín cerrado.*)

6

... Un acorde de nubes,
suspende sobre el cielo
al rumor intocado
de la voz que termina.
Todo el azul, presenta
su belleza, ante el fuego
que va a nacer...
(¿Contemplo
a Dios?...)
¡Vuelvo a mi alma!

(De *Río natural.*)

7

ME ASOMÉ

Me asomé, lejos, a un abismo...
(Sobre el espejo que perdí he nacido.)

Clavé mis manos en mis ojos...
(Manando estoy en mí desde mi rostro.)

Tiré mi cuerpo, hueco, al aire...
(Abren su voz los ojos de mi sangre.)

Rodé en el llanto de una herida...
(Nazco en la misma luz que me ilumina.)

Se coaguló mi llanto en sombra...
(Carne es la luz y el nácar de mi boca.)

Dentro de mí se hundió mi lengua...
(Siembro en mi cielo el cuerpo de una estrella.)

Se pudrió el tiempo en que habitaba...
(Brota en mi espejo un cielo de dos caras.)

Huyó mi cuerpo por mi cuerpo...
(Bebo en el agua limpia de mi espejo.)

¡A mi existencia uno mi vida!
(Espejo sin cristal es mi alegría.)

(De *Circuncisión del sueño.*)

8

—Ay, tierra, tierra: ¿quieto y en mí me pierdo?
¿en ti no quedo?...
—Cállate, amor:
desnudo te hundes, te alzas, y eres centro
de historia, y luz que un pájaro en mí bebe.

—¡Tente, vida!

(De *La piedra escrita.*)

9

Aparente quietud ante tus ojos,
aquí, esta herida —no hay ajenos límites—,
hoy es el fiel de tu equilibrio estable.
La herida es tuya, el cuerpo en que está abierta
es tuyo, aun yerto y lívido. Ven, toca,
baja, más cerca. ¿Acaso ves tu origen
entrando por tus ojos a esta parte
contraria de la vida? ¿Qué has hallado?
¿Algo que no sea tuyo en permanencia?
Tira tu daga. Tira tus sentidos.
Dentro de ti te engendra lo que has dado,
fue tuyo y siempre es acción continua.
Esta herida es testigo: nadie ha muerto.

(De *Signos del ser.*)

Se pudrió el tiempo en que habitaba...
(Brota en mi espejo un cielo de dos caras.)

Huyó mi cuerpo por mi cuerpo.
(Bebo en el agua limpia de mi espejo.)

¡A mi existencia uno mi vida!
(Espejo sin cristal es mi alegría.)

(De *Circuncisión del sueño*.)

Manuel Altolaguirre

8

Málaga, 1905-Burgos, 1959. Co-fundador con Emilio Prados de la revista *Litoral*, [illegible] también otras profesiones, sobre todo la de impresor, publicando ediciones tipográficas a mano de poesía en Madrid, París, Londres, La Habana y México: [illegible] *Héroe*, [illegible] 1936, *La Verónica*, *El ciervo herido*.

En 1933 obtuvo el Premio Nacional de Literatura por su libro *La lenta libertad*. La guerra civil le llevó a expatriarse, marchando a América y residiendo principalmente en Cuba y posteriormente en México, donde fue productor de cine. Vuelto a España en 1959, halló la muerte, junto con su mujer, en un trágico accidente de automóvil.

Es autor de una biografía de Garcilaso de la Vega, de una *Antología de la poesía romántica española*, de las piezas teatrales *Entre dos públicos* y *El triunfo de las Germanías* (en colaboración con José Bergamín) [illegible] *Adonais* de Shelley y —con O. Savich— *El convidado de piedra* de Pushkin.

Obras: *Las islas invitadas*, Málaga, Imprenta Sur, 1926 [illegible] edición con introducción y [illegible] por Margarita Smerdou Altolaguirre, Madrid, Castalia, 1972); *Ejemplo*, Málaga, *Litoral*, 1927; *Escarmiento*, *Vida poética*, *La invisible*, *Un día*, *Amor*, Cuadernillos de Poesía, Málaga-París, 1930-34; *Un verso para una amiga*, París, 1931; *Soledades juntas*, Madrid, Plutarco, 1931; *Tiempo a vista de pájaro*, Madrid, 1935; *La lenta libertad*, Madrid, Héroe, 1936; *Nube temporal*, La Habana, El ciervo herido, 1939; *Poemas de las islas invitadas*, México, Litoral, 1944; *Nuevos poemas de las islas invitadas*, México, Isla, 1946; *Fin de un amor*, México, Isla

Manuel Altolaguirre

Málaga, 1905-Burgos, 1959. Co-fundador con Emilio Prados de la revista malagueña *Litoral*. Cursó la carrera de Derecho, que ejerció brevemente. Desempeñó también otras profesiones, sobre todo la de impresor, publicando colecciones tipográficas a mano de poesía en Madrid, París, Londres, La Habana y Méjico: *Poesía, La tentativa poética, Héroe, Caballo verde para la poesía, 1616, La Verónica, El ciervo herido.*

En 1933 obtuvo el Premio Nacional de Literatura por su libro *La lenta libertad.* La guerra civil le llevó a expatriarse, marchando a América y residiendo principalmente en Cuba y posteriormente en Méjico, donde fue productor de cine. Vuelto a España en 1959, halló la muerte, junto con su mujer, en un trágico accidente de automóvil.

Es autor de una biografía de Garcilaso de la Vega, de una *Antología de la poesía romántica española,* de las piezas teatrales *Entre dos públicos* y *El triunfo de las Germanías* (en colaboración con José Bergamín). Tradujo el *Adonais* de Shelley y —con O. Savich— *El convidado de piedra* de Pushkin.

Obras: *Las islas invitadas y otros poemas.* Málaga, Imprenta Sur, 1926 (2.ª ed. aumentada, Madrid, Héroe, 1936; edición con introducción y notas de Margarita Smerdou Altolaguirre, Madrid, Castalia, 1973); *Ejemplo.* Málaga, Litoral, 1927; *Escarmiento, Vida poética, Lo invisible, Un día, Amor,* cuadernillos de *Poesía.* Málaga-París, 1930-31; *Un verso para una amiga.* París, 1931; *Soledades juntas.* Madrid, Plutarco, 1931; *Tiempo a vista de pájaro.* Madrid, 1935; *La lenta libertad.* Madrid, Héroe, 1936; *Nube temporal.* La Habana. El ciervo herido, 1939; *Poemas de las islas invitadas.* México, Litoral, 1944; *Nuevos poemas de las islas invitadas.* México, Isla, 1946; *Fin de un amor.* México, Isla,

1949 (ed. de M. S. Altolaguirre, Madrid, Seminarios y Ediciones, 1974; *Poemas en América.* Málaga, *El arroyo de los ángeles,* 1955; *Poesías completas.* México, Fondo de Cultura Económica, 1960.

Bibliografía

Libros

María Luisa Álvarez Harvey, *Cielo y tierra en la poesía lírica de M.A.* Univ. of Miss., 1972.

Carmen D. Hernández de Trelles, *M.A.: Vida y literatura.* San Juan de Puerto Rico, Universidad, 1974.

Artículos y estudios

Leopoldo de Luis, «La poesía de M.A.», en *Papeles de Son Armadans,* LIX, Madrid-Palma de Mallorca, febrero 1961, páginas 189-201.

Luis Cernuda, «Altolaguirre», en *Poesía y Literatura II.* Barcelona, Seix Barral, 1964, págs. 269-74.

Carlos P. Otero, «La poesía de A. y Cernuda», en *Letras I.* Londres, Tamesis Books, 1966, págs. 184-89 (2.ª ed., Barcelona, Seix Barral, 1972, págs. 270-77).

Luis Cernuda, «M.A.», en *Crítica, ensayos y evocaciones.* Barcelona, Seix Barral, 1970, págs. 237-42.

(Véase también los libros mencionados en la «Bibliografía general» bajo los números 21, 39, 65 y 68.)

Homenajes

Indice, núm. 128. Madrid, agosto 1959.

Insula, núm. 54. Madrid, septiembre 1959.

Cuadernos de Ángora, núms. 35-36. Madrid, septiembre-octubre 1959.

Caracola, núm. 90-94. Málaga, abril-agosto 1960.

Nivel, núm. 43. México, julio 1962.

Litoral, núms. 13-14. Málaga, julio 1970 (dedicado a E. Prados y M.A.).

1

PLAYA

Las barcas de dos en dos,
como sandalias del viento
puestas a secar al sol.

Yo y mi sombra, ángulo recto.
Yo y mi sombra, libro abierto.

Sobre la arena tendido
como despojo del mar
se encuentra un niño dormido.

Yo y mi sombra, ángulo recto.
Yo y mi sombra, libro abierto.

Y más allá, pescadores
tirando de las maromas
amarillas y salobres.

Yo y mi sombra, ángulo recto.
Yo y mi sombra, libro abierto.

(De *Las islas invitadas y otros poemas.*)

2

EL EGOÍSTA

Era dueño de sí, dueño de nada
Como no era de Dios ni de los hombres,
nunca jinete fue de la blancura,
ni nadador, ni águila.
Su tierra estéril nunca los frondosos
verdores consintió de una alegría,
ni los negros plumajes angustiosos.
Era dueño de sí, dueño de nada.

(De *Escarmiento.)*

3

Era mi dolor tan alto,
que la puerta de la casa,
de donde salí llorando,
me llegaba a la cintura.

¡Qué pequeños resultaban
los hombres que iban conmigo!
Crecí como una alta llama
de tela blanca y cabellos.

Si derribaran mi frente
los toros bravos saldrían,
luto en desorden, dementes,
contra los cuerpos humanos.

Era mi dolor tan alto,
que miraba al otro mundo
por encima del ocaso.

4

CREPÚSCULO

¡Ven, que quiero desnudarme!
Ya se fue la luz, y tengo
cansancio de estos vestidos.
¡Quítame el traje! Que crean
que he muerto, porque, desnuda
mientras me velan el sueño,
descanso toda la noche;
porque mañana temprano,
desnuda de mi desnudo,
iré a bañarme en un río,
mientras mi traje con traje
lo guardarán para siempre.
Ven, muerte, que soy un niño,
y quiero que me desnuden,
que se fue la luz y tengo
cansancio de estos vestidos.

(De *Vida poética.*)

5

NOCHE

El alma es igual que el aire.
Con la luz se hace invisible,
perdiendo su honda negrura.
Sólo en las profundas noches
son visibles alma y aire.
Sólo en las noches profundas.

Que se ennegrezca tu alma
pues quieren verla mis ojos.
Oscurece tu alma pura.

Déjame que sea tu noche,
que enturbie tu trasparencia.
¡Déjame ver tu hermosura!

(De *Lo invisible.*)

6

QUIERO SUBIR

Quiero subir a la playa
blanca, donde el oleaje
verde de un mar ignorado
salpica el manto de Dios;
a ese paisaje infinito,
altísimo, iluminado.
No estarme bajo este techo
angustioso de la vida,
de la muerte, del cansancio,
por no morir ni nacer
a las promesas alegres.
Quiero nacer de esta madre
que es la tierra, el mundo alto
donde los puertos nacieron.

(De *Soledades juntas.*)

7

ESTOY PERDIDO

Profeta de mis fines no dudaba
del mundo que pintó mi fantasía
en los grandes desiertos invisibles.

Reconcentrado y penetrante, solo,
mudo, predestinado, esclarecido,
mi aislamiento profundo, mi hondo centro,
mi sueño errante y soledad hundida,

se dilataban por lo inexistente,
hasta que vacilé cuando la duda
oscureció por dentro mi ceguera.

Un tacto oscuro entre mi ser y el mundo,
entre las dos tinieblas, definía
una ignorada juventud ardiente.
Encuéntrame en la noche. Estoy perdido.

(De *La lenta libertad.*)

8

ES LA TIERRA DE NADIE

No es color turbio, ni perdida forma
ni luz difusa, débil, la que parte
la inmensidad del campo, su hermosura.
No es un otoño entre el calor y el frío,
no se ve ni se siente, no se sueña
la fatídica franja divisoria
Pero allí está, como un reptil, inmóvil:
es la tierra de nadie, de mi España.

(De *Nube temporal.*)

9

LA NIEBLA

La niebla si es cercana me parece
que oculta algún dolor, velo que niega
a unos ojos la luz, a los que ciega
con un blancor de llanto que estremece;

pero si no es cercana, si se mece
altísima en el cielo, si navega
por los espacios desde donde riega
con lluvia y no con llanto, me parece

como el origen gris de toda cosa.
Es turbia la creación, y considera
que en el principio fue la nebulosa,

sin que mirada alguna se escondiera
tras esa bruma blanda y misteriosa,
de la vida tal vez causa primera.

(De *Fin de un amor.*)

10

TRINO

Quiero vivir para siempre
en torre de tres ventanas,
donde tres luces distintas
den una luz a mi alma.

Tres personas y una luz
en esa torre tan alta.

Aquí abajo, entre los hombres,
donde el bien y el mal batallan,
el dos significa pleito,
el dos indica amenaza.

Quiero vivir para siempre
en torre de tres ventanas.

(De *Poemas en América.*)

11

ETERNIDAD

Este jardín donde estoy
siempre estuvo en mí. No existo.
Tanta vida, tal conciencia,
borran mi ser en el tiempo.
Conocer la obra de Dios
es estar con Él.

(De *Últimos poemas.*)